Wer bin ich ?

Ich schreibe als ein Mensch, der wenn dieses Buch veröffentlicht wird, keinem System oder Netzwerk ohne ihren freien Willen angehören wird. Ich habe mich bewusst, trotz guter Leistungen, aus diesem Schulsystem herausgezogen, da dieses System auf purer Konditionierung vom Staat ausgerichtet ist. Bildung wird nur als Spruch für Wahlkampfwerbeplakate benutzt, worum es hier wirklich geht ist Beschulung vom Staat für den Staat. Ich hab jahrelang zugesehen wie ich und andere Kinder und Jugendliche nach dem Bilde des Staates geformt wurden. Nun möchte ich aufklären, denn die Aufklärung endet nie, auch nicht mit den Worten und Schriften von Immanuel Kant aus der Epoche der Aufklärung wie es uns in der Schule beigebracht wird. Aufklärung ist ein immer weiterlaufender Prozess, der erschreckend sein kann, aber auch befreiend. Ich möchte hier mit eigener Erfahrung und kritischem Nachdenken über das System aufklären. Ich bin in meiner Schullaufbahn immer wieder auf Schüler und Schülerinnen getroffen, die sich zum Gunsten dieses Systems aufgegeben haben. Ich möchte für die Schüler schreiben, die möglicherweise das Gleiche wie ich empfinden, aber sich aus welchem Grund auch immer nicht trauen auszusprechen. Ich möchte für die Lehrer schreiben, die genau wissen wie widersprüchlich dieses System in sich ist und sich dennoch nicht trauen es auszusprechen, da sie mit Sanktionen rechnen müssen. Ich habe diese Lehrer mit meinen eigenen Augen gesehen und ich glaube, dass wenn sie auch den Mut und die Kraft hätten an die Öffentlichkeit zu treten, sich die Richtung dieses Systems möglicherweise durch eine Umwertung verändern könnte. Ich möchte dieses Buch für diejenigen schreiben, die immer noch in ihrer Illusion leben, dass externe Umstände sie wirklich innerlich glücklich machen könnte. Ich möchte für diejenigen Schüler und Studenten schreiben, die wegen dem Leistungsdruck Alzheimer und Ritalin Medikamente missbrauchen, um leistungsstärker zu werden . Ich möchte an die Öffentlichkeit appellieren aus diesem Konsumverhalten auszubrechen und anzufangen sich neu und selbstständig zu definieren. Ich möchte zum eigenständigen Denken anregen, das von der Gesellschaft immer mehr in ein engeres Gefängnis eingesperrt wurde. Ich möchte an die Schüler und Schülerinnen appellieren aus diesem Gefängnis auszubrechen, das die Gesellschaft für unseren Verstand gebaut hat. Ich möchte als Mensch, der jahrelang als Schülerin gelebt hat und irgendwann angefangen hat mit eigenem Denken dieses System zu hinterfragen, andere

Menschen, und insbesondere Schüler und Lehrer, inspirieren auch eigenständig zu Denken. Ich möchte vorab einem/einer Lehrer/in danken, den/ die ich namentlich nicht erwähnen werde, da ich mir sicher bin, dass diese Person das nicht möchte, dass diese Person mich durch die Art und Weise des Unterrichts zum Nachdenken angeregt hat. Ich werde in diesem Buch einige Aspekte ansprechen, die zu der Nichtigkeit dieses Systems beitragen. Ich bin mir sicher, dass es noch Andere gibt, jedoch möchte ich mich hier auf die nach meiner Ansicht nach wichtigsten Aspekte fokussieren. Ich werde beschreiben wie dazu kommt, dass Schüler und Schülerinnen sich durch Noten definieren und sich sogar emotional von ihnen abhängig machen. Ich werde erklären wie das Wissen regelrecht konsumiert wird und nur als Mittel zum Zweck ausgenutzt wird. Ich werde darauf eingehen wie das Schulsystem unsere Gedankenwelt und somit unsere Meinungsfreiheit beeinflusst, da ich dies aus eigener Erfahrung miterlebt habe. Ich werde auf die Konsequenzen eingehen, die ein weiterführen eines solchen kranken Systems mit sich tragen wird. Ich werde außerdem auf die Wirkung von Autoritäten eingehen und welchen Zusammenhang sie mit unserem Schulleben auf unsere Identität und Persönlichkeit hat.

Das Schulsystem in Deutschland hat sich zu einer Industrie entwickelt wie jede Andere. Sei wird geleitet von großen machtgierigen Menschen, die darauf fokussiert sind unser Ego mit noch mehr Konsum zu füttern. Der Film „Wag the Dog" hätte nicht besser unsere Ausgangslage mit den ganzen großen Konzernen und Industrien beschreiben können. John Taylor Gatto hat ebenfalls in seinem Buch „Verdummt noch mal „", nicht übertrieben als er die Schule mit der Kirche gleichgesetzt hat. Die Schule ist nämlich zu eine Art Ersatz für die Kirche geworden, die es jedem zugänglich macht Annerkennung in Form von Noten zu bekommen. Von dieser Art Kirche profitiert mal wieder, wie in vielen anderen Dingen auch, der Staat. Der Staat ist ein Meister darin geworden unseren Verstand auf von ihm vorgegeben Wissen zu konditionieren, um uns das kritische Denken so schnell wie möglich zu verlernen. Kritisches Denken würde dieses System voller Vorschriften, Normen, Leistungs- und Konsumerziehung zerstören. Dieses System kann es sich nicht leisten, dass Schüler und Schülerinnen anfangen kritisch jede Kleinigkeit zu hinterfragen, denn dies würde den Untergang für dieses System bedeuten. Dieses System könnte nicht mehr ihre Aufgabe nachgehen, und zwar aus uns immer nickende

Arbeitnehmer zu machen, die in Wirklichkeit ihren Job hassen und ihn dennoch tagtäglich mit einer sozialen Maske ausüben, um Geld ran zu schaffen.

Das Schulsystem: Eine Industrie wie jede Andere

Wir werden tagtäglich, ob wir es wollen oder nicht, von äußeren Einflüssen beeinflusst. Die soziale Programmierung in der westlichen Gesellschaft hat dazu geführt, dass Menschen ihre Gemütslage und ihr eigenes Glück von äußeren Umständen und Personen abhängig machen. Egal ob es das Wetter ist oder eine zerbrochene Beziehung, es gibt für die Menschen unseres Zeitalters immer eine plausible Ausrede, um bloß keine Eigenverantwortung zu übernehmen. Die Verantwortungslosigkeit der Gesellschaft veranlasst natürlich die großen Konzerne wie die Filmindustrie und Musikindustrie dazu unsere Ängste und Gefühle auszunutzen, um aus ihnen Geld zu machen. Wer noch ernsthaft glaubt, dass die Film- und Musikindustrie wahrhaftig daran interessiert sind uns auch auf irgendeine erdenkliche Weise weiterzuhelfen, muss noch in einem Wachtraum leben. Der Film „Wag the Dog" hätte diese Ausgangslage nicht besser darstellen können. In dem Film geht es um eine Präsidentschaftswahl in den USA und einer der Präsidenten wird eine Vergewaltigung von einem Mädchen vorgeworfen. Dieser Vorfall ist natürlich ein Skandal für sein Image, also beschließt die

Filmindustrie und Musikindustrie einen vorgetäuschten Krieg an die Öffentlichkeit zu bringen, um von dem Skandal abzulenken, und es funktioniert ! Mit viel strategischen Aufwand haben es die Angestellten des Präsidenten und die großen Industriezweige geschafft eine ganze Nation zu täuschen.

Warum sollte so was auch heute nicht möglich sein?

Nur weil wir meinen durch Schulbücher aufgeklärt zu sein ? Wer kann uns versichern, dass diese Informationen auch nicht verändert wurden und damit die Realität verzerrt wurde ? Das Schulministerium etwa? Wir haben uns in unserer Selbstverantwortung kaum weiterentwickelt und sind immer noch die unmündigen Bürger und Bürgerinnen von damals. Wir vertrauen Institutionen, weil es einfach bequemer und schneller ist, als seinen eigenen Verstand zu benutzen. Das Schulsystem ist somit kein Stückchen besser als die ganzen andere großen Industrien, die uns das große Glück in Form von materiellen Besitz vorgaukeln. Der Besitz im Schulsystem ist das Wissen, oder besser gesagt die Informationen, und die Schüler und Schülerinnen sammeln diese Informationen wie hungrige Jäger und Jägerinnen. Dieses System konditioniert uns darauf unsere Gefühle von Noten abhängig zu machen und macht uns zu Zahl, anstatt zu Menschen mit Persönlichkeit. Ich meine Menschen haben es geschafft andere Menschen im Glauben zu lassen, dass es irgendwo im Himmel einen unsichtbaren Mann gibt, der jede Sekunde ihres Lebens ihr Handeln beobachtet, um später zu beurteilen ob sie in den gesegneten Himmel oder in die verdammte Hölle kommen. Uns wissen was das Beste ist ? Er liebt sie !

Warum sollte es dann ein System wie das Schulsystem es nicht schaffen uns zu nickenden Bürger und Bürgerinnen ohne Persönlichkeit zu machen ? Mit einem Belohungs- und Bestrafungssystem teilt die Schule unser Verhalten in „Sünden" und „moralisch richtige Handlungen" ein. Bemerken sie parallelen zu der Religion ? Auch die Religion hat sich 10 Gebote oder eine andere Art von Vorschriften erschaffen, um das Handeln der Menschen zu beurteilen und zu verurteilen. Das Schulsystem ist somit nur eine andere Art der Religion geworden, wo die Schüler brav und ohne Widerstand ihrem Führer (Lehrer, Direktor etc.) horchen ohne einmal den Inhalt des Unterrichts hinterfragt zu haben. Alle schwimmen in der Masse mit und es findet eine Massenkonditionierung auf Gehorsam , Autoritäten, vorgeschriebenes Wissen, Anpassungsdenken, gesellschaftliche Normen und Werte und zum Schluss der

Identitätsverlust statt. Allein die Tatsache, dass das Schulsystem gegen die Grundrechte auf Versammlungsfreiheit, Freizügigkeit und Gedankenfreiheit verletzt sollte uns Bedenken geben. Die Schüler und Schülerinnen können nicht mehr als freie Bürger und Bürgerinnen ihren Bestimmungsort wählen, sondern dieser wird ihnen vorgeschrieben, und zwar die Schule ! Die Schüler haben sich den Vorschriften zu unterwerfen, denn ansonsten greift die Polizei mit Maßnahmen durch oder es folgen andere pädagogische Maßnahmen, die heutzutage für jede Art der Einschüchterung benutzt werden. Doch warum widersetzt sich niemand gegen das System für seine Freiheit? Warum sind Grundrechte, die jedem bedingungslos zustehen sollten, auf einmal so unwichtig geworden ? Ich möchte in den nächsten Kapiteln auf dieses Phänomen eingehen, und zwar wie individuelle Bedürfnisse mit einem Massendrang zu Nichte gemacht werden. Soziale Programmierung oder auch Matrix genannt spielt bei dieser Problematik ebenfalls eine Rolle, denn wir werden ob nun bewusst oder unbewusst mit diesem Belohungs- und Bestrafungssystem erzogen, sodass wir keine andere Realität mehr, als die die uns tagtäglich vorgespielt wird, kennen und somit Tag für Tag an Autonomie verlieren. Die Schüler und Schülerinnen haben verlernt ihre eigene Realität zu bilden, und auf diese Problematik möchte ich eingehen und auch aus eigener Erfahrung mögliche Ursachen schildern.

Das Hamsterrad deines Lebens

Ich möchte ihnen ein paar grundlegende Fragen stellen, die ihnen wahrscheinlich während ihres und auch meines stressigen Alltags gar nicht in den Sinn gekommen wären. Es geht um die Hauptfrage „Warum?" . Warum sind sie heute morgen aufgestanden, als der Wecker angefangen hat zu klingeln ?Warum haben sie sich Klamotten angezogen ? Warum sind sie zur Arbeit oder zur Schule gegangen ? Warum haben sie sich genau zu dem Zeitpunkt gemeldet, als der Lehrer Antworten gefordert hat, und warum nicht wann anders ? Warum sind sie zu Klausuren gegangen ? Warum haben sie sich nötigen lassen zu einem bestimmten Zeitpunkt mit bestimmten Menschen in einem Klassenraum zu sitzen ? Es kann sein, dass ihnen diese Fragen erst mal banal vorkommen, da sie wahrscheinlich viel zu sehr in ihren Alltagsproblemen gefangen sind (wie z.B wann wird die nächste Klausur geschrieben ?), um sich auf wesentliche Fragen über das Leben zu konzentrieren. Es kann jedoch sehr hilfreich sein sich diese Fragen ,mit ausreichend Bedenkzeit, zu stellen, um mehr Klarheit und Orientierung zu schaffen, damit sie automatisierte Muster erkennen und aus ihnen ausbrechen können.

Wir sollten uns vor Augen führen, dass wir die meiste Zeit gelebt werden, anstatt wahrhaftig zu leben. Wir führen ein entfremdetes Leben, das uns von der Gesellschaft durch Normen und Werte vorgegeben wird. Wir machen routinemäßige Sachen, da sie nun mal so gemacht werden, um an unseren Sterbebett zu realisieren wie stark unser Leben in den Händen der Anderen lag. Wir kriegen von Kindesbeinen an beigebracht was man zu tun hat und was nicht ! Das kleine, neugierige und fröhliche Kind was vor sich her toppt und die Welt entdecken will, wird bald merken, dass diese Neugier in der Gesellschaft nicht gerne gesehen wird, und es wird auch Missachtung und Verachtung erfahren, falls es sich diesen Werten widersetzt. Dieses Kind wird sich jedoch weiterhin in diesem Hamsterrad aufhalten, da es Aufmerksamkeit und Anerkennung von seinem Umfeld bekommen würde.

Doch wie kommt das ? Wie kommt es, dass das intelligenteste Tier der Welt den Großteil seines Tages damit verbringt, um sich einem Wertemaßstab anzupassen, anstatt seinen wahrhaftigen Bedürfnissen nachzugehen ? Wie kommt es, dass Schüler alles in ihr Heft notieren was ihr Lehrer ihnen vor diktiert ohne es zu hinterfragen ? Wie kommt es, dass Schüler für einen ihrer natürlichsten Triebe

(Auf Toilette gehen) um Erlaubnis fragen müssen ? Der ehemalige Lehrer John Taylor Gatto , der im Jahr 1991 zum Lehrer des Jahres in New York ausgezeichnet wurde, hat das heutige Schulsystem mit der Kirche verglichen. Ist da etwas dran ? Wenn man in die Geschichte zurück guckt wird man merken, dass die Menschen vor der Epoche der Aufklärung ziemlich stark abhängig waren von der Kirche, ihre ganze Zukunft hing von ihr ab. Wie sieht es heute aus ? Heute glaube zwar viele nicht mehr daran, dass sie sich in den Himmel frei kaufen können, jedoch sind wir Meister darin geworden unsere Verantwortung in die Hände anderer zu geben ! Im Grunde genommen hat sich nichts verändert außer die Form ! Wir sind immer noch die unmündigen Bürger, die versuchen ihren Frust und ihren Born-Out durch zu viel Leistungserwartungen mit Äußerlichkeiten lahm zustellen. Die Schule ist nun diese große Institution geworden in die, die meisten Kinder und Jugendliche ihr Vertrauen legen. Ich meine eine andere Wahl haben sie ja nicht oder ? Die Schule, die Politiker, die Versicherer, die Bänker und noch viele andere Menschen werden uns schon irgendwie die Verantwortung abtragen, wozu dann noch selber denken ? Ist das überhaupt noch notwendig in einer Welt, wo man jedes Faktenwissen, das man in der Klausur wie eine

Maschine wiedergeben muss, im Internet wiederfinden kann ?

Ich kann sogar aus meiner eigenen Erfahrung als Schülerin an einem Gymnasium berichten, dass eigenständiges Denken sogar unerwünscht ist ! Ich habe dieses System schon seit längerem (Dank einem Lehrer und anderen Quellen) durchschaut, und habe angefangen in Klausuren mein eigenes Wissen und meine Gedanken mit rein zu bringen. Und was denken sie was passiert ist ? Mein Deutschlehrer hat unter meiner Klausur notiert „ Weniger Philosophie, mehr Präzession", oder „Du sollst keinen philosophischen Traktat schreiben". Er hat mir auch ausdrücklich in Gesprächen erwähnt, dass er nur das lesen und hören möchte was wir im Unterricht durchgenommen haben. Aha, und das nennt sich Eigenständigkeit? Für mich hört sich das eher nach Bürokratie an ! Ich habe aus eigener Erfahrung , bis auf eine Ausnahme, keinen Lehrer oder Lehrerin angetroffen, die meine Kreativität und Individualität unterstützt hat. Ich kenne aus meiner Erfahrung auch noch viele andere Schüler, die das Gefühl hatten als Mittel zum Zweck ausgenutzt zu werden, und einfach nur das wiedergeben zu dürfen was man ihnen vor diktiert hat.

Nun was hat diese Ausnahme anders gemacht als die üblichen Lehrer ? Diese Ausnahme setzte Wert darauf, dass alle Schüler anfangen selber zu denken ! Der Unterricht wurde außerdem als einen anregenden Prolog gestaltet, anstatt einem langweiligen Monolog ! Diese Ausnahme hat uns immer mit Situation konfrontiert, um unsere intuitive Reaktion zu erkennen. Wir durften außerdem meistens frei arbeiten und uns das Material so einteilen wie es uns individuell am besten passt. Natürlich konnte diese Ausnahme den Unterricht nicht so gestalten wie diese Ausnahme es wollte, da die Rahmenbedingungen diese Ausnahme gezwungen haben Prüfungsstunden einzuführen und Klausuren zu schreiben und diese auch mit Noten zu bewerten, obwohl diese Ausnahme sich bewusst war was Noten mit Kindern machen und auch offen zugab, dass er nicht so viel von diesen Prüfungen hielt. Ich konnte jedoch immer meine eigenen Gedanken in den Unterricht bringen und hatte nach jeder Stunde das Gefühl innerlich etwas für mein Leben gelernt zu haben oder mich weitergebildet zu haben, obwohl ich es für einen Irrglauben halte, dass man irgendwann alles wissen kann, denn im Grunde ist das einzige was wir wissen können, das wir im Grunde genommen nichts wissen können . Kommt ihnen der Gedanke bekannt vor ? Die Idee stammt von dem antiken Philosophen Sokrates, die lautete :„Die Klügste ist die, die weiß , dass sie nichts weiß". Er war ein sehr mutiger Philosoph, der einfach auf den Markt ging und die Leute teilweise mit provokanten Fragen konfrontierte, die demjenigen jedoch mehr Weisheit erbringen konnten, wenn er sie annahm . Und was machten die Athener ? Sie verurteilten ihn zu Tode ! Was für eine Schande ! Und was machen wir ? Was macht die Schule mit Umdenkern ? Leute , die anfangen Sachen und Inhalte kritisch zu hinterfragen, anstatt sie wie Marionetten anzunehmen ? Das System verurteilt und beurteilt sie ! Das System gibt diesen Leuten schlechtere Zensuren, Verweise, mentale Peitschenhiebe und zeigt auch mentaler und kommunikativer Ebene, dass diese Art von Denken hier einfach nicht erwünscht ist. Viele lassen sich durch verbalen Gegenwind einschüchtern, jedoch gibt es auch die, die ihre Meinung vertreten und sich dennoch bewusst sind, dass der angepassteste Schüler in diesem darwinistischen System am besten überleben wird.

In diesem darwinistischen System geht es um Selektion und Auslese ! Ich meine denken sie wirklich, dass die Politiker oder ein ganzes Land daran interessiert sind für die bestmöglichen Chancen zu sorgen,und zwar für jedes Kind ? Sicherlich nicht ! Ich meine was wäre das Abitur noch Wert, wenn es für über 80 Prozent der Schüler zugänglich und machbar wäre ? Der Youtuber Mats hat auf seinem Kanal „LetsDenk" mit seinem Video „Katastrophe Bildungssystem - Wie Schule eine ganze Generation ruiniert" genau dieses Thema angeschnitten. Er hat behauptet, dass das Abitur seinen Wert und seine soziale Anerkennung verlieren würde, wenn diese Chancengleichheit gegeben würde und jeder mit seinem individuellen Lerntempo zum Abitur kommen würde. Ist das nicht fatal ? Wenn die Absicht genau das Unbeabsichtigte verursacht ? Ist es einfach nichtig , wenn das Schulsystem durch seine Beabsichtigungen genau das Gegenteil bewirkt ? Es bewirkt nämlich Ohnmächtige Bildungsverlierer ! Die Lehrerin und Bildungskritikerin Sabine Czerny beschrieb in ihrem Buch „Was wir unseren Kindern in der Schule antun" wie diese Chancenungleichheit abläuft. Sie berichtet aus ihrer Erfahrung als Grundschullehrerin, dass gerade Kinder aus sozial schwachen Familien weniger Chancen aufs Abitur haben, da die Anforderungen mit der Zeit so groß und viel werden, dass es außer die häusliche Nacharbeit mit Eltern oder durch Nachhilfe , gar nicht möglich ist diesem System mit guten Noten gerecht zu werden. Diese sozial benachteiligten

Kinder haben leider oft nicht die Chance auf solche Privilegien zurückzugreifen, da die Eltern sehr oft sehr viel Arbeiten oder das nötige Geld einfach nicht zur Verfügung steht. Und so etwas will man dem Volk als Chancengleichheit verkaufen?

Wie sieht es mit ihnen aus? Sind sie wirklich glücklich mit dem was sie tun, oder schauen sie ständig auf die Uhr und fragen sich :„Wann habe ich endlich frei". Sind ihre Tätigkeiten für sie ein Zweck an sich oder nur ein Mittel zum Zweck, um materielle Güter zu erlangen wie z.B Geld,Klamotten,soziale Prestige u.s.w. Der Philosoph Immanuel Kant hat schon damals versucht die Menschen mit der Menscheits-Zweck Formel zu belehren, indem er betonte, dass man den Menschen als Zweck an sich ansehen sollte und nicht nur als Mittel zum Zweck. Diese kleine Moralvorstellung können wir auch auf unsere Tätigkeiten übertragen, wir können uns z.B fragen warum wir gerade das machen was wir machen, indem wir uns hinterfragen, ob diese Tätigkeiten ein Zweck an sich sind oder nur ein Mittel zum Zweck. Wir verrichten tagtäglich solche Handlung, die als Mittel zum Zweck dienen, wir machen unsere Steuererklärung damit wir keinen Ärger mit dem Staat bekommen, wir machen Hausaufgaben damit wir keinen Ärger mit dem Lehrer bekommen, wir schmeißen die Wäsche in die Waschmaschine damit sie sauber ist, wir halten bei Rot an damit wir nicht überfahren werden u.s.w. Es gibt unzählige Aufgaben, die man aufzählen könnte und es ist auch völlig legitim, dass wir einige von ihnen ausführen, jedoch wird es nachhaltig negative Konsequenzen mit sich tragen, wenn der Großteil unseres Tages so aussieht. Der Philosoph und Publizist Gunnar Kaiser beschrieb diese Problematik sehr ausführlich in seinem Blogartikel „Weg ist das Ziel, und es gibt keinen Weg" , indem er beschrieb wie uns das idealistische Festhalten an Zielen kaputt machen kann, und wie wir den Prozess dabei total außer Acht lassen. Wir sind mit den Gedanken so festgeklammert an dieses Ziel, so dass uns unser geistiges und körperliches Wohlsein gar nicht auffällt,und dies äußert sich nicht selten in Stress, denn die Psyche merkt, dass sie vom Besitzer ignoriert wird, und versucht dann körperlich Signale auszusenden wie z.B Kopfschmerzen,Nackenschmerzen oder Magengeschwür. Er beschrieb, dass wir irgendwann merken, wenn wir uns genug darin üben unser Dasein mit Achtsamkeit präsent zu halten, dass es eigentlich keinen Weg gibt, sondern nur eine Vorstellung davon, und das wir diese Weisheit nutzen können, um eins zu werden mit dem was wirklich ist. Was könnte diese Gedankengänge wohl gemeinsam haben mit unserer jetzigen Situation an unseren Regelschulen ? Ich möchte ihnen ein paar ganz einfach Fragen stellen, und zwar wann haben sie das letzte Mal einen Schüler voller Muße,Lust,Neugier, und Freude lernen sehen ? Wann haben sie das letzte Mal einen Schüler getroffen, der sich für sein Leben bilden wollte und sich nicht nur für die Schule ? Wann haben sie das letzte Mal eine Schüler gesehen dem Noten komplett egal waren ? Falls sie keine Antwort finden brauchen sie nicht beunruhigt sein, denn dieses Verhalten wurde in unserem Schulalltag durch Sozialisierung nun mal automatisiert. Wenn wir hier schon mal über die Schule reden sollten wir vielleicht klären woher dieses Wort „Schule" überhaupt kommt ? Das Wort Schule kommt aus dem griechischen und wird so geschrieben :„ σχολή". Es beudeutet so viel wie Müßigkeit und freie Zeit. Wenn sie den Großteil der Schüler fragen, ob sie auch so etwas unter der Schule verstehen, können sie erwarten in verwirrte und mit Kopf schüttelnden Gesichtern zu gucken . Für die meisten Schüler ist die Schule nämlich eine Last geworden ! Eine Last, die sie am liebsten von sich werfen würden, und ihre Zeit sinnvoller nutzen würden. Hier sieht man mal wieder wie sehr die Politik daran scheiert eine Sache mit ihrem wahrhaftigen Sinn umzuseten. Ich kann auch aus meiner eigenen

Erfahrung als Schülerin berichten, dass ich , als ich zum ersten Mal von dieser Bedeutung etwas gehört habe, mich gar nicht als Schülerin mit dieser Bedeutung identifizieren konnte. Doch wie kommt das ? Wie kommt es , dass diese eigentlich postive Bedeutung dieses Wortes so viel an sinnhaftigkeit verliert? Naja, wenn wir uns die Schule in unserer heutigen Zeit angucken, merken wir schnell warum junge und eigentlich kreative Menschen die Lust am Lernen genau an dem Ort verlieren, wo sie eigentlich zum Leben erweckt werden soll. Die engen Räume, die nebeneinander gebauten Türen der Klassenzimmer, der 45 Minuten Takt der Schulstunden, die vorgeschrieben Pausen, die Schulordnung, die ständige Überwachung durch Lehrpersonen und die damit unmittelbar verbunde Einschränkung der Privatspähre, das an die Tafel holen, Hausaufgabenüberprüfung, Tests,Klausuren,Notenvergabe, Verweise, Sanktionen, Gespräche mit den Eltern, der Erwartungshorizont, die vorgeschrieben veralteten Themen von Schulministerium und viele andere Faktoren sorgen dafür, dass die intrinsische Motivation der Schüler ausstirbt. Abgesehen davon, dass jede Lust am Lernen erlischt, werden auch noch die Grundrechte der Schüler verletzt ! Ach wie war das nochmal sollte das Grundgesetzt nicht über jedes andere Gesetzt stehen ? Nennt man so etwas

Demokratie oder einen humanen Staat? In der Schule werden die Grundrechte auf Gedankenfreiheit, Freizügigkeit und Versammlungfreiheit missachtet und verachtet ! Wie ich auf so etwas komme ? Mein Lehrer hat mich darauf aufmerksam gemacht und ich war selber von mir erschrocken wie ich jahrelang in einem gefängnisartigen Institut war und immer noch für eine Weile dort sein muss. Doch warum werden diese Grundrechte verletzt? Wenn ein Institut oder ein Ministerium einem genau vorgibt was man wissen und glauben soll, bleibt einem nicht mehr viel Platz für Gedankenfreiheit, denn diese Freiheit würde bedeuten auch das Gegenteil denken zu dürfen. Diese bürokratischen Vorgaben werden dann meistens von einem bürokratischen Lehrpersonal durchgeführt, indem bis ins Detail festgelegt wird was man in der Klausur zu denken,wissen, und zu schreiben hat. Ich kann aus meiner eigenen Erfahrung berichten, dass ich oft in Klausuren auf Missverständnis und Intoleranz gestoßen bin, wenn ich mich diesen bürokratischen Auflagen widersetzt habe, und meine Freiheit dazu genutzt habe, meine eigenen Gedanken niederzuschreiben, und sie nicht sklavisch vom Unterricht zu übernehmen. Wissen sie übrigens wer noch ein Bürokrat war ? Adolf Eichman ! Der SS-

Obersturmbannführer hatte keinen wirklichen Hass gegen die Juden, sondern war einfach nur unfähig seinen eigenen Verstand zu benutzen . Er war unfähig selber zu Denken und die bürokratische Autorität zu hinterfragen. Die Philosophin Hannah Arendt beschrieb sein Verhalten nicht umsonst als „Die Banalität des Bösens", damit wollte sie ausdrücken, dass er kein Monster war, sondern dass dieses Potenzial des Bösens in jedem von uns steckt ! Finden sie Parallelen zu diesem schrecklichen Beispiel der Bürokratie und der Bürokratie der Schule ? Falls ja, brauchen sie nicht beunruhigt zu sein, denn Erkenntnis ist immer der erste Schritt zur Veränderung . Es ist nicht schon genug, dass den Schülern tagtäglich vorerzählt wird was sie zu denken haben und was nicht, es wird ihnen sogar vor diktiert wo sie mit welchen Leuten sie aufzuhalten haben. Diese Vorschrift verstößt gegen unser Recht auf Freizügigkeit, denn dieses besagt, dass wir uns frei überall aufhalten können. Und was macht die Schule ? Sie nötigt Büger dazu sich mit Leuten an einem Ort zu versammeln, obwohl sie das aus freiem Willen gar nicht wollen. Dieser Aspekt schließt übrigens auch den Verstoß gegen die Versammlungsfreiheit ein, da die Schüler genötigt werden sich zu einem bestimmten Zeitpunkt an einem bestimmten Ort zu versammeln, und lassen somit jede Möglichkeit aus, sich an einem anderen Ort zu versammeln. So einen Ort will man also als freie Zeit und Muße übersetzen ? Wie soll den bitte eine Zeit frei sein, wenn sie vorgeschrieben ist, wenn ich nicht selbst über sie bestimmen kann und entscheide was mit meiner Zeit passiert, kann sie doch nicht frei sein ! Jedoch widersetzen sich nur wenige gegen dieses System, da es für viele Sicherheit und Zukunft bietet und somit die Verantwortung aus den Händen nehmen kann. Mein Deutschlehrer hat uns erzählt, dass das Gymnasium uns zu mündigen Bürgern erziehen will, doch ich frage mich wie soll das in unserem heutigen System funktionieren soll? Wie sollen wir Kindern mit vorgefertigen Meinung und Gedanken zur Selbstbestimmung erziehen ? Wie sollen wir sie zur Selbstbestimmung erziehen, wenn sie ihr Leben noch nie selber in die Hand nehmen durften und damit auch die Verantwortung, anstatt brav und freundlich Autoritäten und Erwartungshorizonten zu gehorchen? Wie soll ein Bürger selbstbestimmt leben, wenn er immer nur sklavisch den besten Schüler kopiert hat ?

War es nicht Immanuel Kant, der an unseren Verstand appelliert hat aus der selbstverschuldeten Unmündigkeit auszusteigen ? Dieser Appell war auch an die Lehrer und

Bildungspolitiker gerichtet ! Was wollt ihr euren Schülern beibringen ? Trockene Formeln, die sie nach der nächsten Klausur wieder vergessen ? Wollt ihr eure Schüler bilden oder zu Fachidioten ausbilden ? Zu mündigen Bürgern oder zu Ja-sagenden Bürokraten des Staates ? Es liegt in unserer Hand und es ist nicht mehr das Schicksal von irgendwelchen Göttern was mit uns passieren wird. Wenn wir so weitermachen wie bisher werden wir irgendwann an unserem Sterbebett liegen uns merken :„Ich wurde ja nur gelebt, statt selber zu leben".

Das Schulsystem wie es heute ist, ist nicht nur veraltet, sondern es schadet ! Es schadet den Schülern, die immer mehr psychischen Druck erleiden müssen . Warum sind Noten auf einmal wichtiger geworden als die Gesundheit ? Warum tauchen Born-Out,Stress und stressbedingte Depressionen immer häufiger bei Schülern auf ? Warum müssen Schüler und Studenten Alzheimer und Ritalin Medikamente missbrauchen, um leistungsstärker zu sein ? Dieses Schulsystem wie es heute ist wird eine selbsterfüllende Katastrophe werden, indem es genau das aus den Schülern macht mit den Methoden, die es anwendet, und zwar Informationsmaschinen ! Stephen R. Covey konnte die Situation nicht besser beschreiben, als er in seinem Buch „Die 7 Wege der Effektivität" behauptete, dass es nichts bringt sich anzustrengen, wenn man sich im falschen Dschungel befindet. Wir befinden uns in diesem falschen Dschungel und er heißt „Schule", die gnadenlos selektiert und nur rational auf Profit aus ist . Es ist nicht anders als im Film „Matrix", wo wir die Wahl zwischen der roten und der blauen Pille haben ? Welche Pille möchten sie schlucken? Die blaue Pille und ein sicheres, aber gleichzeitig sklavisches Leben in der Matrix führen, wo die Gesellschaft ein Gefängnis für ihren Verstand gebaut hat? Oder möchten sie die rote Pille schlucken, wo es schmerzhaft wird und sie Eigenverantwortung übernehmen müssen, aber gleichzeitig aus diesem Gefängnis ausbrechen können ? Sie können ihr eigener Neo sein, aber sie können es auch lassen und sich weiterhin von der Gesellschaft,der Werbung, der Schule und vielen anderen scheinheiligen Experten ihr Leben konstruieren lassen.

"Die Matrix ist ein System, Neo. Dieses System ist unser Feind. Aber wenn du drinnen bist, dich umsiehst, was siehst du? Geschäftsleute, Lehrer, Anwälte, Tischler. Genau die Seelen von den Menschen die wir versuchen zu retten. Aber bis das geschieht, sind diese Menschen Teil des Systems und dadurch unser Feind. Du musst verstehen, die meisten dieser Menschen sind nicht bereit um abgekoppelt zu werden. Und viele von ihnen sind so hoffnungslos abhängig vom System, dass sie bereit sind zu kämpfen um es zu beschützen."

-Die Matrix

Woher kommt unser System ? (Ein historischer Rückblick)

Wissen sie eigentlich wer die Schulpflicht eingeführt ? Wissen sie wer dafür verantwortlich ist, dass ihre Kinder Stundenlang stillsitzen müssen und gehorsam zeigen müssen ? Kommt ihnen da jemand in den Sinn ? Die Sozialdemokraten oder CDU vielleicht? Da muss ich sie leider gänzlich enttäuschen. Es war die Nationalsozialisten Jahr 1938, die das sogenannte Reichsschulpflichtgesetz erlassen haben ! Ist es nicht schockierend, dass wir zu Glück so viel von dem aufgeben haben was die Nationalsozialisten in das Land geholt haben, aber immer noch an so einem veralteten System festhalten? Ist es nicht verheerend zu wissen welche Ursache es hat, dass ihre Kind von ihnen weggenommen und nach Bilde des Staates geformt werden ? Wir sollten uns die Zeitepoche des Nationalsozialisten vor Augen führen, denn dann wird den meisten Leuten bewusst zu welchem Zweck das Mittel namens Schule benutzt wurde. Der einzige Zweck war es wie die meisten vermuten werden die Kinder nach Bilde des nationalsozialistischen Staat zu formen und zu ihrem Zweck zu manipulieren oder mit anderen Worten sie wurden mundtot gemacht ! Es läuft erschreckender weise heutzutage nichts anderes in den Schulen ab nur das die Obrigkeit nicht mehr den Nationalsozialisten angehört, sondern einer anderen autoritären Macht. Eine Macht, die dafür sorgt, dass auch ihre Kinder systemgetreu denken und handeln werden, eine Macht, die dafür sorgen wird, dass sich ihre Kinder entfremden, entfremden von sich selbst !Wir können uns also vor Augen führen woher unser Bildungssystem herkommt denn,wenn wir ein besseres System wollen sollten wir erst mal nach den Ursachen suchen, um unsere jetzige Situation zu verstehen. Ein Arzt der ein Medikament verschreibt ohne erst mal eine Diagnose aufzustellen würde auf sie doch auch einen unglaubwürdigen Eindruck machen oder ? Doch wie kommt so ein System zustande ? Wie kann es sein, dass wir die Kinder mit Wissensstoff vollstopfen, obwohl wir genau wissen, dass sie ein paar Jahre nach dem Abitur schon 80-90 Prozent des Wissensstoff vergessen haben?Wie kann es sein, dass der Philosoph und Hochschulprofessor Richard David Precht appelliert, dass wir die Kindern mit Wissensstoff vollstopfen, obwohl er darauf aufmerksam macht, dass die Berufe in denen die Kinder der Zukunft arbeiten werden zu 70 Prozent heutzutage noch gar nicht existieren.

Wenn wir zurück in die Geschichte gucken, besser gesagt in das Zeitalter der Industrialisierung merken wir, dass man genau diese graue Masse wollte, die man auch noch heute mit unserem Bildungssystem erzielt. Man wollte keine Umdenker, Querdenker oder einfach nur eine Person, die ihren eigenen Verstand benutze, sondern Menschen, die in den Fabriken funktionierten, damit die Wirtschaft läuft und jeder einfach nur die Arbeit verrichtet, die man ihm vorlegt oder mit anderen Worten ausgedrückt, man wollte keine Menschen, sondern Maschinen. Doch wie konnte das passieren ? Gab es niemand, der versucht hat Widerstand zu leisten und sich für humanere Schulen einzusetzen? Doch gab es, Georg Picht löste im 20ten. Jahrhundert eine Bildungsdiskussion und Debatte mit seinen Artikeln in einer evangelischen Wochenzeitung und Welt, wo er die Problematik der Bildungskatastrophe thematisierte. Picht kritisierte die unhumanen Zustände in der Schule wie z.B die früher Selektion, die mit durchschnittlich 10 Jahren mehr als verwerflich ist, und die Benachteiligung des Übertritts in eine weiterführende Schule im Bezug auf die Herkunft der Schüler. Doch hat Picht recht behalten ? Wie sieht es heutzutage aus ? Haben wir immer noch eine Bildungskatastrophe ? Hat es ein Kind in einer Akademikerfamilie wirklich leichter als ein Kind mit Migrationshintergrund, obwohl die Chancengleichheit in dem demokratischen Deutschland so hoch gehalten wird? Die Theorie der Ungleichheit durch Gleichschaltung in unseren Schul- und Bildungssystem bewehrt sich in der Praxis ! Wie kann es sein, dass trotz der hochgelobten Chancengleichheit nur 19 Prozent der Studienanfänger aus einer Arbeiterfamilie kommen, aber 50 Prozent aus einer Akademikerfamilie? Es ist ganz einfach, da unser System annimmt, dass gleiche Bedingungen für jeden die gleichen Chancen erzeugen, ignoriert es egozentrisch die Heterogenität der Kinder oder macht sie wie es der Hirnforscher Herald Hüther bezeichnet zu einem Objekt. Der Psychoanalytiker und Philosoph Erich Fromm erkannte auch schon diese Scheindemokratie in seinem Buch „Die Kunst des Liebens an", wo er davon ausging, dass sich Menschen zu einer homogenen Gruppe vereinen, damit sie ihr Alleinsein nicht ertragen müssen oder wie man es in der Sozialpsychologischen bezeichnet es entsteht ein Wir-Gefühl. Diese Art des Verschleiern der Einsamkeit erkannte er aber als nichtig und unwirksam an, da man sich selbst als Individuum nicht anerkannt und sich von sich selbst entfremdet, damit man diesen Schmerz mit sich selbst nicht ertragen muss. In der christlichen Geschichte wird dieses Verhalten auch als Götzendienst beschrieben wie es Fromm berichtet, da man sich selbst für etwas oder jemanden aufopfert.In unsere heutigen Schulsystem läuft bedauerlicherweise nichts anderes ab, als so eine Aufopferung jedoch in diesem Fall zum Nutzen der Ökonomie. Schon vor Picht hatte jemand die Idee von einer humaneren Schule sein Name war Wilhelm von Humboldt. Doch was hat es mit diesem Namen auf sich und warum ist er so wichtig für die Bildungsgeschichte ?Wilhelm von Humboldt wurde am 22 Juni 1767 in Potsdam geboren und starb am 8 April 1835 in Tegel und war ein großer Umdenker, wenn es um Bildung ging, denn er hatte liberale Grundsätze, die die Bildungsvorstellung von damals widersprechen und es auch noch heute tun. Er nannte als Grundvorausetzung für eine gelungene Bildung die Freiheit, denn für ihn würde der Staat, wenn er zu tief in das Leben der Menschen machen, die Menschen zu Maschinen machen. Sie müssen sich vor Augen führen, dass es damals nur wohlhabenden Familien möglich war ihre Kinder in die Schule zu schicken, und die Arbeiterfamilien blieben meistens leer aus, da sie ihre Kinder auch meistens zum Arbeiten schickten, wo sich dann kein Raum und Zeit mehr für die geistige Bildung bliebt, geschweige denn für das Abitur. Es gab außerdem schon im 19.Jahrhundert ein dreigliedriges Schulsystem, was Humboldt durch seinen liberalen Grundsatz ändern wollte. Es gab eine Volksschule, die man mit unserer heutigen Hauptschule gleichstellen kann, jedoch wurde sie im Gegensatz zu heute nicht sozial abgewertet. Der Großteil der Kinder besuchte diese Schule und man hatte auch realistische Chancen nach diesem Werdegang eine Beruf auszuüben. Heute wäre das auch noch möglich, wenn wir dieses darwinistische System durchbrechen würden und die Kinder nicht durch soziale Abwertung in Form von Sätzen wie :„Aus dir wird doch eh nichts", demotivieren würden. Nach der Volksschule konnte man die Realschule oder eine Handelsschule besuchen und wenn man das geschafft hat auch das Gymnasium. Humboldt wollte nun die Kluft der Selektion auflösen in, indem er die Vorstellung hatte den Elementarunterricht für alle einzuführen, einen Gymnasialunterricht und danach einen Universitätsunterricht, wenn man den Gymnasialunterricht absolviert hat. Er hat vorgesehen, dass es nach jeder Unterrichtsform es möglich war in den Beruf überzutreten. Doch was ist passiert ? Warum wurde der liberale Gedanke nicht umgesetzt ? Warum haben wir heute keinen Elementarunterricht ? Humboldt zögerte damals sein Amt anzunehmen und lehnte es Schlussendlich ab, da im Bewusst war, dass er als Sektionschef nicht viel in der Bildungspolitik zu sagen hatte . Wilhelm von Humboldt war und ist von großer Bedeutung für die Bildungsgeschichte, jedoch machen wir von seinen Grundsätzen nicht Gebrauch ! Wir selektieren und sortieren immer noch Kinder schon mit 10 Jahren, weil wir meinen, dass wir Zeitnot verspüren, und ganz schnell ganz viel lernen und Informationen in uns aufsaugen müssen. Wie kann es sein, dass wir so ignorant auf solche alten Weisheiten reagieren ? Wieso selektieren weiterhin und werten sozial auf oder ab, obwohl schon Humboldt wusste, dass diese Selektion nichtig ist ? Humboldt wollte darauf aufmerksam machen wie wichtig es ist seine Persönlichkeit zu bilden und nicht nur die Schüler im Unterricht zu richten, denn dann werden sie nicht autonom und eigenständig und auch der Philosoph Julian Nida-Rümelin macht aktuell auf das antihumanistische Bildungswesen und appelliert für ein Umdenken für einen neuen Begriff der Bildung und fordert auf auf dem Bildungsweg alle mitzunehmen, anstatt sie selektiv auszuschließen. Auch Humboldt ging es darum alle mitzunehmen, anstatt sie auszuschließen, denn der Besuch auf einer Elementarschule oder Gymnasium sollte nicht auf- oder abgewertet, sondern gleichermaßen akzeptiert werden, denn für beide Abschlüsse sollten genug Berufschancen bereitstehen,so dass Bildung nicht mehr als Mittel zu Zweck ausgenutzt wird wie es z.B heutzutage der Fall ist, und zwar zum Zweck der Ökonomie, sondern als Zweck an sich angesehen wird. Doch was war passiert ? Was war die Intention von Humboldt und warum ist sie so misslich gescheitert ? Die Intention von Humboldt eines neuen humanistischen Schulwesen war von großer Bedeutung in der neuhumanistischen Zeit. Wir sollten uns vor Augen führen, dass zu dem Zeitalter die Industrialisierung stattfand und auch Humboldt klagte über diesen Wandel, den er als „Machinisierung" bezeichnete, da sich die Menschen in seinen Augen zwar veränderten, aber nicht zwangsläufig verbesserten. Aus diesem Anlass heraus war es Humboldt von großer Bedeutung eine Theorie der Bildung aufzustellen, die es den Menschen ermöglichte aus der Fremdbestimmung auszubrechen, die noch heutzutage vorhanden ist, und die Bildung dem Zufall zu entreißen und Selbstverantwortung zu übernehmen, um sich selbst zu bilden, für Humboldt war dies der Weg womit ein Fortschritt der Menschheit möglich war. Selbstbildung, Selbstbestimmung,Gewissen und Freisetzung von lastender Abhängigkeit waren Humboldt in seiner Theorie von Bedeutung. Doch wie sieht es heutzutage aus? Haben wir es geschafft diese humanistischen Ziele und Theorien in die Tat umzusetzen ? Die Praxis bewährt uns leider das Gegenteil. Die Abhängigkeit der Menschen im 21 Jahrhundert nimmt immer drastischer zu, egal ob es Klamotten, Essen, Elektronik, Geld oder andere Konsumgüter sind, die Menschen identifizieren sich immer mit dem was sie haben, anstatt mit dem was sie sind. Für Humboldt stand also der idealistische Individualismus im Vordergrund seiner Bildungstheorie, die nie ein wirkliches Ende hatte, denn er sah Bildung als einen nie endenden Prozess an und somit gab es auch keine abgeschlossene Bildung wie wir es in unserer westlichen Gesellschaft einreden und praktizieren. Die meisten Menschen unserer modernen Gesellschaft meinen, dass die Bildung mit dem Schulabschluss, Studium etc. aufhört und, dass sie dann alles für ihr Leben getan hätten und sich gemütlich in ihren Sessel schmeißen könnte, damit sie irgendeine belanglose Serie im Fernsehen anschauen können, die sie in Wirklichkeit kein bisschen interessiert. Humboldt hätte bestimmt bei unserer heutigen Interpretation von Bildung verzweifelt den Kopf geschüttelt, denn Bildung kann nicht mit dem Abitur aufhören und ich frage sie wie lange sie sich dieses Paradoxon sich selbst und ihren Kindern vorleben wollen? Peter Bieri betont dies auch immer wieder, wenn er darauf aufmerksam macht, dass wir uns nur selbst bilden können und nicht die Anderen und auf nichts anderes wollte Humboldt mit seiner Bildungstheorie hinaus, denn für ihn bestand Bildung aus nichts weiterem als Selbstbildung. Selbstbildung war das was die Menschen befähigte sich frei in der mannigfaltigen Welt zu bewegen und sein schöpferische idealistische Individualität in die Tat umzusetzen. Unsere paradoxe Annahme, dass Bildung ein Anfang und ein Ende hat wird mit Humboldts Bildungstheorie nichtig und unwirksam und es benötigt auch seine Theorie, da wir an unserer Erfahrung reflektieren können wie wirksam und nachhaltig die ganzen Prüfungen in unserem Bildungssystem sind. Doch warum ist dieses humanistische Überlegung gescheitert? Was hat dazu geführt, dass so etwas simples und doch geniales keine Chance in unserer Leistungsgesellschaft hatte? Abgesehen davon, dass Humboldt sich nicht viel mit der Schulbürokratie auseinandersetzten wollte, damit sind Fragen im Bezug zur Bildungspolitik und Bildungsorganisation gemeint, konnte er seine Planungen und Durchsetzungen nicht zu Ende bringen und bittet den König am 29. April 1810 um seine Entlassung. Er nahm immer wieder öffentlich

Stellung dazu, dass es ihn tief verletzt hat, dass er mit seinem Amt keinen großen Einfluss auf die Bildungspolitik ausüben konnte, und so konnte es zu Stande kommen, dass einer der wahrscheinlichst humanistischen Ideen der Bildung zerstört wurde und nicht umsonst betont der Philosoph Richard David Precht in seinem Bestseller „Anna, die Schule, und der liebe Gott", dass Humboldt tot ist und widmet ihm sogar ein Kapitel dafür

Die Matrix lebt

Meinen sie fest davon überzeugt zu sein was sie denken und fühlen ? Denken sie das ist die Realität und nicht mehr oder weniger ? Identifizieren sie sich oft mit ihren Gedanken und Gefühlen und meinen sie, dass sie das sind ? Denken sie, dass ihre Situationen nun mal so ist wie sie ist und, dass sie keinen Einfluss haben können ? Denken sie, dass ihr Abschluss, ihre Qualifikation, ihr Job, ihre Freunde, ihre Familie, ihr Einkommen oder andere Sachen ihr Wesen bestimmen ? Wie definieren sie sich ? Was macht ihren Charakter aus ? Wer sind sie überhaupt ? Wenn sie dazu neigen wie die meisten Menschen nun einen Namen, ein Alter, einen Job, Freunde und Hobbys aufzuzählen darf ich dazu gratulieren, dass sie ein perfektes Glied sind in dem System, das System, das sich die Matrix nennt! Haben sie schon einmal etwas davon gehört ? Falls nicht, möchte ich sie kurz da hinein einführen. Die Matrix ist allgegenwärtig, sie umgibt und ist überall, sie ist auch während sie gerade dieses Buch lesen, sie können sie überall spüren. Sie ist unter anderem eine Scheinwelt, die man ihnen vorgaukelt, um sie von der Wahrheit abzuhalten. In dieser Scheinwelt manipuliert uns fast jeder, die Massenmedien, die Politiker, die Lobbyisten, ihre Umgebung, die Schule, die Uni so ziemlich jeder möchte darauf aus ihren Geist und ihren Verstand unter Kontrolle zu haben. Warum das so ist ? Weil wir uns einen Konkurrenzkampfs einreden, den es in Wirklichkeit gar nicht gibt, und somit immer aus allem und jedem Profit und Kapital schlagen wollen, und zwar ohne Rücksicht auf Nachhaltigkeit. Manche Menschen leben sehr gerne in dieser Matrix, sie fühlen sich wohl und verdienen gut ihr Geld damit andere Menschen ums Ohr zu hauen, für sie ist jeder ein Gegner und Fein, der sich traut die Wahrheit zu entdecken bzw. ihren Weg einzuschlagen, denn schon Morpheus hat gesagt, dass es ein Unterschied ist, ob man den Weg nur kennt oder ihn wirklich beschreitet. Ich muss ehrlich gesagt zugeben, dass ich während ich diese Zeile tippe und noch zur Schule gehe den Weg noch nicht eingeschritten bin, sondern mich ohnmächtig diesem System übergeben habe. Ich gebe offen zu, dass ich momentan meine Autonomie, Selbstständigkeit, Freiheit und Lebensenergie zum Gunsten der Ökonomie vergeude und wenn kein äußerer Zwang auf mich einwirken würde durch den Staat und meine Familie würde ich wahrscheinlich keine einzige Sekunde mehr damit vergeuden in die Schule zu gehen, nie wieder würde ich mich meiner Ohnmächtigkeit ergeben und mich den Dogmen unterwerfen.

Ich werde wahrscheinlich immer wieder mit Menschen in Kontakt kommen, die systemgetreu denken wie es mir mein Lehrer Gunnar Kaiser mir erzählt hat, jedoch werde ich nicht mehr dazu genötigt etwas zu tun was nicht meiner intrinsischen Motivation entspricht und auch Neo ist in dem Film „Die Matrix" zurück in die Welt gegangen, um den Menschen das zu zeigen was sie nicht sehen wollen. Mir geht es nicht darum die Welt zu retten ich denke auch so etwas wäre ein nichtiger Versuch, aber ich möchte selbstbestimmten über mein Leben und auch wenn ich dafür materiellen Verzicht einstecken muss, der für mich kein wirklicher Verzicht ist, ist mir das wert! Die meisten Menschen sind jedoch viel zu abhängig und noch nicht bereit sich von dem System abzukoppeln wie es Morpheus berichtet und glauben an mentalen Projektionen ihres Verstandes, sie denken, dass die Polizist, Lehrer, Bankkaufmann oder Pilot sind und ihre Identität ist ständig gefährdet, denn sie ist an Bedingungen abhängig und führt zu einer automatischen Bewusstseinskontrolle durch die Umwelt. Die Umwelt ist nun Autorin über ihr Leben und kann schreiben und ändern was sie will. Sie hat sozusagen die Fäden der Marionette in der Hand und bestimmt in welche Richtung sie sie lenken will. Ist diese Vorstellung nicht schrecklich ? Haben sie nie ernsthaft darüber nachgedacht wie unsere Welt funktioniert ? Wie die Banken funktionieren ? Wie die Lebensmittelindustire funktioniert? Haben sie sich nie darüber Gedanken gemacht wie unser Bildungssystem funktioniert und warum nicht anders ? Der Filmmacher Erwin Wagenhofer zeigt dies auf analytische und erstaunliche Weise in seinen Filmen „Lets make Money", „We feed the world" und „Alphabet", er sagt selber, dass es die ersten Filme gebraucht hat, um den letzten Film über unser Bildungssystem zu erstellen. Er berichtet, dass er sich Gedanken gemacht warum die Welt so funktioniert wie sie funktioniert und warum es so viel soziale Ungerechtigkeit gibt und ist zum Entschluss gekommen, dass es immer die großen Mächte und Manager sind, die für dieses Unheil verantwortlich sind was ihm dann zu dem Film über Bildung gebracht hat, denn er hat sich gefragt wer denn bestimmt was Bildung ist und was nicht und wer den Lehrplan festlegt und ist wieder bei den großen Mächten gelandet. Erkennen sie dieses Dilemma ? Erkennen sie den Teufelskreis ? Goethe bezeichnet diesen Teufelskreis in seinem Meisterwerk „Faust" so :„ So tauml' ich von Begierde zu Genuß, Und im Genuß verschmacht' ich nach Begierde", dies lässt darauf deuten, dass diese Begierde auf die Goethe anspielt niemals aufhören wird, denn nach der Befriedigung durch den Genuß gelangt Faust wieder bei der Begierde was eine Nichtigkeit zu Folge hat. Dieses Dilemma erkennt man heutzutage bei Top-Manager, die in einem Hamsterrad von einem Ziel in das andere rennen, um im Endeffekt fest zu stellen, dass sie genau an ihrem Ausgangspunkt stehen geblieben sind. Es ist schon ein Paradoxon, dass so alte Weisheiten heutzutage immer noch gültig sind und zum Gunsten der Ökonomie ignoriert werden oder ? Es ist gänzlich schwer den Menschen da draußen die Matrix zu erklären, denn sie ist weder fassbar noch kann man sie deutlich sehen und erkennen, jedoch habe ich bei meinen Beobachtungen festgestellt, dass fast jeder schon einmal das Gefühl hatte, dass irgendetwas schief läuft mit dieser Welt und das man sich sozusagen ohnmächtig fühlt und bei diesem Dilemma wie ein Kinozuschauer zugucken muss. Dieses Gefühl bestärken noch die Nachrichten, die noch systematisch aufgebaut sind. Glauben sie mir nicht ? Dann achten sie beim nächsten Mal, wenn sie ihren Fernsehen anschalten warum die lokalen Geschehnisse immer vor den globalen Geschehnisse vorgetragen werden. Haben sie eine Vermutung ? Ganz einfach, weil in unserer Umgebung eine bessere Beziehung aufbauen können und die emotionalen Netzwerke eher aktiv werden. Wir sitzen also Tag für Tag,

Stunde für Stunde wie ein Roboter vor diesem Apparat und lassen uns vorgaukeln wie die Welt ist und wie nicht, dazu werden dann noch ein paar rationale und logische Argumente in den Kochtopf geworfen, damit der Roboter es für logisch anerkennt. Schon komisch und erschreckend wie unsere westliche Gesellschaft funktioniert und wie sie sich selber in den hochgelobten Werten von Selbstbestimmung und Autonomie widerspricht. Wir werden tagtäglich mit so einer Reizüberflutung in Form von Werbung,Geschäften, Medien u.s.w beladen, so dass wie verlernt habe Wichtiges von Unwichtigen zu trennen, so dass unser Gehirn die Spülmaschine, Waschmaschine, Bügeln, Aufräumen u.s.w als eine stressige und somit lebensbedrohliche Aufgabe einstuft. Na herzlichen Glückwunsch ! Wir verhalten uns wie ein Baum, der nur wachsen will, um möglichst viele Früchte zu tragen, aber so wachsen Bäume nicht. Sie wachsen, um zu wachsen und kennen so etwas wie einen ökonomischen Vorteil gar nicht ! Wir Menschen funktionieren von Natur aus nicht anders, Kinder spielen, um zu spielen und nicht weil sie sich dadurch eine bessere Zukunft erhoffen, diese Absicht besitzen höchstens die sozialisierten Eltern der Kinder. Jeder von uns hat diese schöpferische Gabe, die einem dazu veranlasst Dinge mit voller Liebe anzugehen und mit Freude zu praktizieren, jedoch wird uns von unserer Umwelt immer mehr eingeredet, dass das Leben hart ist und wir für unsere Zukunft kämpfen müssen , so als ob wir im Krieg wären ! Die Natur ist wahrscheinlich der beste Ausgangspunkt, der uns zeigt wie Leben einfach aus der einfachen Intention zu leben funktioniert und wir Menschen sind es die dem Leben den Wert zuteilen, denn die Welt oder eine Sache an sich ist nicht gut oder schlecht, sondern es ist der Mensch, der durch Erfahrung und Sozialisierung, der Welt und der Sache eine positive oder negative Wertung hinzufügt. Wir erkennen also, dass wir selber für unser Leben verantwortlich sind und es nicht mehr dem Schicksal zuschreiben können. Wenn wir so weiter machen wie bisher brauchen wir uns nicht über so viel Leid und Schmerz in der Welt wundern, denn es ist die Matrix, die unserem Verstand Grenzen und Schranken lässt und die uns in einer Illusion leben lässt, die wir als Wahrheit betiteln. Sie haben die Wahl, ob sie weiterhin im Genuss taumeln wollen wie es Goethe beschreibt oder ob sie ausbrechen aus diesem Gefängnis ! Die Website „www.die-matrix.net" beschreibt die Matrix und ihre Funktion sehr genau und erklärt was genau diese Matrix ist, indem sie mit diesem Einleitungstext auf ihrer Website aufmerksam macht zum Erwachen :*„Was wir* als Matrix bezeichnen ist ein gigantisches ebenenübergreifendes Konstrukt aus geschichtlicher Verfälschung, medialer Irreführung und Täuschung, Fehlinformationen, Betäubung und Ruhigstellung, welches es Dir unmöglich macht die Wahrheit hinter dem Schleier zu erkennen. Du lebst in einer Scheinwelt. Alles was du glaubst zu wissen ist vielleicht nur ein einem intelligenten Wesen entsprungener Gedanke, der dich davon abhalten soll zu erkennen, dass du ein Sklave bist, unfähig selbstständig zu erkennen und zu schlussfolgern. Du wirst von einer Brut seelenloser Roboter kontrolliert, welche dich nach ihrem belieben steuern und lenken können. Du fragst Dich sicher wie kann das sein. Nun diese Welt wird seit Jahrhunderten von dieser Riege von dunklen Wesenheiten regiert und kontrolliert, welche nur darauf aus ist die Menschen für sich arbeiten zu lassen und aufs höchste Maß zu versklaven. Du glaubst mir nicht? Nun, ich will Dir versuchen es klar zu machen. Es ist nicht zwingend notwendig die Rote Pille zu nehmen, man kann die Matrix auch so erkennen wenn man nicht betäubt ist und gute und weise Augen hat, jedoch vereinfacht es die Rote Pille sehr. Du wurdest wie jeder andere in die Sklaverei geboren und wirst wie alle anderen auf dieser unserer Ebene von denen über das Geld und die Medien kontrolliert. Überlege gut, *ist es nicht so, dass du jeden Tag zu deiner Arbeit rennst um irgendwie genügend Geld zu haben. Du schuftest während die Nutznießer deiner Arbeit wahrscheinlich gerade irgendwo in der Südsee in der Sonne liegen und ihre Millionen zählen, und sich mit ihresgleichen über Dich lustig machen.*

Sie kontrollieren die Medien wie Radio, Fernsehen usw. und können darüber mit Hilfe von unterbewussten, nicht wahrnehmbaren Tricks deine Emotionen deine Gedanken dein Leben kontrollieren. Sie können dich jederzeit und überall über Dein Handy orten, verfolgen, belauschen, ja sogar vielleicht manipulieren, da es selbst mit Deinem Handy oder anderen elektromagnetischen Wellen möglich ist deine Gefühle und deine Gedanken zu beeinflussen. Somit bist Du ihnen fast immer und überall ausgeliefert. Sie senden über die Radio- und Fernsehsender bestimmte Signale die Dich verdummen, die Dich hypnotisieren damit Du schön weiter vor Deiner Glotze sitzt und nichts bemerkst. Sie bombardieren Dich mit gewalttätigem, sexuellen Schwachsinn, welcher auf höchster Ebene gegen jede menschliche und göttliche Ethik verstößt um Dich zu einem barbarischen, zankenden Affen zu machen, der seine Freunde und Familienmitglieder anlügt, bestiehlt, schlägt oder gar tötet. Sie überschütten Dich mit Alkohol, Tabletten und Drogen um Dich in einem dauerhaften Zustand der Betäubung zu halten, wo Du nicht einen klaren vernünftigen Gedanken fassen kannst.

Sie kontrollieren uns und damit die Welt über Geld, Angst, Krieg und Zerstörung. Sie saugen alles Kapital wie in ein schwarzes Loch. Sie entwickeln immer neuere und abscheulichere Pläne um uns noch das letzte Bisschen Würde zu rauben und das letzte Geld aus der Tasche zu ziehen. Sie belügen uns seit Jahrhunderten im Bezug auf unsere wahre Geschichte, dass wir nicht erkennen, was wir eigentlich sind und wie wir eigentlich leben sollten. Sie zerstören die Natur, verbreiten Angst und Schrecken, zetteln Kriege an, verüben Anschläge, lassen Serienkiller los, kidnappen wahllos Leute, sie halten die Welt in einem immerwährenden Zustand von Gewalt und Unfrieden.

Nun mein Freund, es ist sicher immer noch schwer zu glauben für Dich, aber es ist die Wahrheit, die Menschheit wird von einer Horde seelenloser dunkler Wesen beherrscht die jegliche Verbindung zu ihrem Höheren Ich, ihrem Gewissen verloren haben. Sie töten einen Menschen, zwei, drei, vier, fünf oder 50, 100, oder gar Tausende und fühlen nichts dabei. Für sie sind wir nur Spielzeug was auf ihren befehl hört und was sie zerstören, wenn sie Lust dazu verspüren.

Wer sind die, magst Du dich nun fragen? Nun sie sind nicht wirklich menschlich, obwohl sie sich in menschlicher Gestallt zeigen. Außerdem haben sie viele willenlose Sklaven die blind jeden ihrer Befehle ausführen und befolgen. Sie sitzen in den obersten Regierungsetagen, in den größten und mächtigsten Firmen, in den Chefetagen von Banken oder anderen Einrichtungen, die viel Geld erwirtschaften oder kontrollieren können. Sie benutzen Länder als ihre Spielbälle, welche sie wenn sie wollen gegeneinander ausspielen. Sie gehören keinem Land oder bestimmter Menschengruppe an. Sie leben hier ohne irgendwelche nationale Begrenzungen. Manche nennen sie die reichsten Familien, welche die Welt kontrollieren, andere sprechen von den Sieben Schwestern, wieder andere nennen sie die Illuminaten. *Wie sie heißen ist nicht von Bedeutung, wichtig ist für Dich zu erkennen, dass sie wirklich da sind, dass sie uns kontrollieren, dass wir ihre Sklaven sind. Solange es sie gibt wird die Menschheit niemals frei sein. Es werden weiter tausende und abertausende schuften, sich quälen, ausgebeutet oder in einen sinnlosen Krieg geschickt werden, verhungern oder durch Aidsmedikamente getötet werden.*

Deshalb habe ich Dich auserwählt. Ja Dich! Ich habe Dir die Wahrheit enthüllt. Und an Dir ist es jetzt auch die Wahrheit anzunehmen, anzufangen dagegen zu arbeiten, aufzustehen und zu kämpfen, anderen die Augen zu öffnen, dass es immer mehr werden die es nicht länger hinnehmen wollen, die es beenden und bekämpfen wollen, die nicht länger Sklaven sein wollen. Ich weiß dies war sicher ein schwerer Schock für Dich und du wirst Dir vielleicht wünschen dass Du Dich für die blaue Pille entschieden hättest. Doch wisse mein Freund, dass Du nicht allein bist, dass die Zeit gekommen ist sich diesen Dunklen entgegenzustellen, sich gegen sie zu erheben und sie von diesem Planeten zu verjagen." Doch wie können wir etwas ändern ? Wie können wir all dies Manipulation entfliehen ohne sich in einem zu Wald isolieren ? Der Schritt ist simpel und doch wird er für die meisten Menschen nicht einfach sein, da sie viel zu abhängig von diesem System sind, sie glauben an die mentalen Projektionen in ihrem Kopf und würden alles tun, um das System zu beschützen wir kennen diese Menschen unter den Namen „Bürokraten". Sie können sich jedoch Stück für Stück von diesen Automatismen unserer sklavischen Gesellschaft lösen, hören sie auf Fernsehen zu gucken und entscheiden sie lieben selber wie sie mit ihrer Zeit umgehen möchten, unterstützen sie nicht unser unmenschliches Geldsystem und hören sie auf Fleisch aus Massenproduktion zu essen, engagieren sie sich, erstellen sie einen Blog, eine

Facebook-Seite, schreiben sie ein Buch, um die Menschen zum erwachen anzuregen. Es gibt unzählige Möglichkeiten aus diesem System auszusteigen oder einfach nicht mitzuspielen und die Website www.die-matrix.net bietet viele Möglichkeiten und hilfreiche Tipps an wie sie aus der Sklaverei aussteigen können, jedoch liegt es in ihrer Hand, ob sie den Weg nur kennen oder ihn wahrhaftig beschreiten. Es liegt an ihnen, ob sie die Wahrheit sehen und spüren wollen oder, ob sie in ihrem Bett aufwachen wollen und an das glauben an was glauben wollen.

Du bist nicht frei !

Warum sind sie sich so sicher, dass sie eigentlich frei sind ? Vielleicht weil sie ein Haus besitzen, ein Sofa auf dem sie gerade sitzen und dieses Buch lesen ? Wer versichert ihnen, dass der Staat ihnen ihr angebliches Privateigentum nicht jederzeit wegnehmen kann, wenn er es unter dem Namen „Steuern" betitelt ? Oder wie es der Philosoph Gunnar Kaiser manchmal beschreibt:„ Von welcher Freiheit sprechen wir?". Freiheit ist das was alle wollen, aber keiner nutzt ! Der Staat spielt uns leider nur eine Scheinrealität vor und wir betiteln es als Freiheit, aber wir sind nun mal nur so frei wie es der Staat für uns vorgesehen hat und nicht weiter. Wir können uns unsere Milchsorte aussuchen, aussuchen wen wir wählen gehen oder ob wir Fleisch essen oder nicht, aber Gesetze, die unser tagtägliches Leben bestimmen und einschränken werden immer noch von einer Autorität bestimmt, die sich über uns stellt und vorgibt zu wissen was für das Wohl eines ganzen Volks gut ist. Nennen sie so etwas Freiheit ? Belügen sie sich da möglicherweise selber? Wie lange wollen sie sich noch etwas vorspielen ?Charles Krüger beschrieb diese Scheinfreiheit in seinem Video „Du bist nicht frei", indem er daraus aufmerksam machte, dass die Sklaverei nie beendet wurde, sie wurde nur auf die Allgemeinheit übertragen. Sind wir wirklich Sklaven ? Ist das überhaupt möglich in einer Gesellschaft, die so sehr für solche Werte plädiert ? Und wenn ja, warum lassen wir so etwas überhaupt zu ? Wo ist unser Eigensinn geblieben ?

Gesundheit als eine Illusion der Gesellschaft

Haben sie schon mal darüber nachgedacht warum sie krank werden ? Immer wieder die gleiche Erkältung ? Immer wieder der gleiche Schnupfen ? Der gleiche Fieber ? Vielleicht versuchen sie jetzt wie die meisten Menschen irgendwelche physiologischen Ursachen und Gründe zu finden, aber ihr Körper will ihnen was signalisieren was sie selbst verdrängt haben. Scheint ihnen dieser Gedanke paradox ? Unlogisch ? Nicht so wie sie es beigebracht bekommen haben ? Es ist völlig in Ordnung, denn auch ich hatte sehr lange diesen Glaubenssatz tief in verankert, aber irgendwann habe ich keine physiologischen Gründe mehr gefunden, denn ich ernähre mich vollwertig vegan, schlafe mindestens 8 Stunden, mache fast jeden Tag Sport, meditiere und viel Wasser trinken habe ich schon immer gemacht, also habe ich angefangen nach anderen Ursachen zu suchen und bin auf einen Mann getroffen, der es in meinen Augen nicht besser hätte erklären können. Sein Name ist Rühdiger Dahlke und er ist Mediziner und Psychotherapeut, er ist außerdem durch das Buch „ Krankheit als Weg" bekannt geworden und hat für viel Aufsehen gesorgt, denn in dieser Gesellschaft, die für alles eine logischen

Erklärung sucht und gerne die Verantwortung auf die Außenwelt oder in dem Fall aus den eigenen Körper schiebt, anstatt Eigenverantwortung zu übernehmen. Die Pharmaindustrie machen Millioneneinahnen mit unserem Leiden, das meistens doch nur auf unseren destruktiven Gedanken und Handlungen beruht und bei uns Schülern sieht es leider nicht anders aus. Es ist schon lange kein esoterischer Humbug mehr, dass Stress Krankheiten fördert oder sie gar entstehen lässt, nicht umsonst appellieren Ärzte für viel Ruhe während der Erkältungszeit. Stress während der Klausurphase sorgt bei uns Schülern auch für mehr Anfälligkeit für eine Erkältung und meistens für Kopfschmerzen, Magengeschwür und auch für Schwindel. Wie lange wollen wir noch vor unserem Körper weglaufen? Wie lange wollen wir ihn noch ignorieren? Wie lange wollen wir uns selbst noch etwas vorspielen? Meine Mutter sagt immer, dass Selbstlügen, die schlimmste aller Lügen sind.

Schule als einen Teil der Matrix verstehen

Hatten sie auch schon mal das Gefühl, dass sie eine Tätigkeit ausführen nur, weil sie jeder ausführt wie z.B Bahnfahren,Klausuren schreiben,Einkaufen gehen, sich gut benehmen, Manieren zeigen u.s.w. Weil man sie so erzogen hat ? Sozialisiert hat ? Programmiert hat ? Dann sind sie wie der Großteil der Menschen in der Matrix gefangen. Sie wollen wissen was diese Matrix ist? Diese Matrix können sie nicht sehen, aber sie spüren sie , sie können spüren, dass man ein Gefängnis für ihren Verstand gebaut hat. Es gibt manche Menschen, die dieses Gefühl sehr intensiv spüren wie Neo in dem Film „Die Matrix", sie spüren diesen Splitter in ihrem Kopf und sie haben längst verstanden, dass es mit dieser Welt nicht in Ordnung läuft. Doch wieso kann es der Großteil der Menschheit nicht ? Wieso kreiert der Großteil der Menschheit mit seinem Geist sein eigenes Leid? Der Film „Die Matrix" stellt es auf sehr gute Art und Weise. Der Film macht deutlich, dass es schon mal eine bessere Welt gab, aber die Menschen haben sie nicht angenommen und ich finde diese These trifft als Ursache für unsere heutige Situation sehr gut zu ! Die Menschen würden verrückt werden, wenn es gar keine Ungleichheiten mehr gäbe, wenn es keine Kriege gäbe, keine Eifersucht, kein Hass, keine Rassentrennung, keine Selektion, keine Auslese und viele andere Dinge, die dafür sorgen, dass man seinem Ego vorspielt etwas zu sein wobei man nur etwas hat ! Wieso sind wir so unfähig geworden diese Ego zu überwinden und zu unserem wahren Ich zu finden ? Warum war diese Kenntnis schon vor 2500 Jahren in der buddhistischen Tradition bekannt und warum erkennen wir sie heutzutage nicht an, obwohl die Situation offensichtlich ist ? Die Antwort ist ganz einfach aus dem selben Grund warum wir Früchte mit Chemikalien vollspritzen, damit sie äußerlich schön aussehen, aber innerlich verrecken ! Wir haben uns viel zu sehr darauf spezialisiert was unsere Umwelt von uns halten könnte, anstatt uns darauf zu konzentrieren was wir selbst von uns halten. Wir wurden wie es der Film „Die Matrix" beschreibt in die Sklaverei rein geboren, um wie Maschinen für die Gesellschaft zu funktionieren und uns von uns selber zu entfremden. Wissen sie noch was ?

Sie konnten es sich nicht aussuchen ! Sie wurden einfach in dieses Gefängnis rein geboren und haben ihre Rolle als unfreiwilliges Gesellschaftsmitglied zugeteilt bekommen. Niemand hat sie gefragt welches Leben du gerne leben möchtest, ihr Manuskript für ihr

Leben wurde schon angefertigt bevor sie jemals die Chance hätten dieses System zu durchschauen.

Nun was hatte dieses Gefängnis bzw. die Sklaverei mit der Schule zu tun ? Naja es lässt sich in seinem Muster ziemlich einfach auf die Schule übertragen. Wir wurden auch nicht gefragt, ob wir überhaupt in diese Sklaverei wollen, sondern wurden verfassungswidrig in diesen System rein sozialisiert. Mir sind dazu einige Fragen in den Geist gekommen, die ich ihnen gerne vorstellen möchte (Diese Fragen richten sich an alle, die sich mit dem Thema Bildung auseinandersetzten) :

- Habt ihr uns gefragt was wir gerne machen möchten?
- Wie wir unsere Zeit benutzen möchten ?
- Was für Interessen wir haben ?
- Und habt ihr uns überhaupt irgendetwas gefragt bevor ihr diesen selbstzerstörerischen Lehrplan erstellt habt, der nur Bewusstseinskontrolle erzeugt ?
- Warum gibt es so viele sinnlose Schulordnungen ?
- Warum soll man den Lehrer um Erlaubnis fragen, wenn man auf Toilette will, und warum fragt man so was nur in der Schule?

- Warum selektiert ihr uns, wenn ihr jeden von und die beste Chance ermöglichen wollt?
- Warum stopft ihr uns mit Informationen voll ?
- Warum wertet ihr jede Leistung ab, die nicht in diesem Erwartungshorizont abgebildet ist ?
- Warum wollt ihr unser Bewusstsein mit Noten kontrollieren?

Es kann gut möglich sein, dass ihnen ein paar oder auch alle dieser Fragen unsinnig und banal als Schüler, Eltern, Lehrer oder Bildungspolitiker vorkommen, jedoch kann es auch einfach daran liegen, dass sie es nicht anders kennen. Ihnen wird dieses Gefängnis tagtäglich vorgespielt wie können sie da auf selbstständige Gedanken kommen ? Ich kann ihnen jedoch sehr empfehlen diese Fragen, besonders als Schüler, für sich alleine im Geist durchzugehen, um zu erkennen welche Glaubenssätze sich in ihrem Geist manifestiert haben wie z.B :„Aber was ist mit meiner Zukunft?". Falls sie emotional gereizt sind, wenn sie diese Fragen durchgehen, kann dies ein sehr guter Identifikationspunkt sein, um ihre Glaubenssätze zu erkennen. Wenn sie diese Glaubenssätze erkennen können sie den nächsten Schritt machen und versuchen Stück für Stück diese Glaubenssätze zu durchbrechen, denn Erkenntnis ist immer der erste Schritt zu Veränderung, denn Leiden entsteht meisten durch Inakzeptanz für die jetzige Situation. Mein Lehrer und Philosoph Gunnar Kaiser hat diesen Schritt zur Veränderung mit der Begabung gleichsetzt, dass wir aufhören uns selbst und unsere Umwelt ständig zu beurteilen. Er hat beschrieben, dass wenn wir es schaffen einen Raum der Stille in uns zu finden, der urteilslos beobachtet, die Möglichkeiten ins uns vermehren können und letztendlich das Gesetzt der reinen Möglichkeiten für uns nutzen können. Dieser urteilslose Geist wird jedoch in unserem heutigen Schulsystem total vernachlässigt. Wir werden als Schüler ständig beurteilt egal was wir machen, es wir ständig abgewertet und aufgewertet. Unser Ich wird durch Noten gemessen und die Schüler bilden sich einen Scheinkonkurrenzkampf ein, wo es nur darum geht wer der besser ist und nicht darum die Individualität und Kreativität zu fördern. Unsere Gedanken werden ständig bewertet und es bleibt und kaum Raum und Zeit, um uns selber wahrzunehmen, geschweige denn unsere Umwelt. Die ständige Beschleunigung, besonders durch die neuen Reformen des G8s, führen zur einer permanenten Zeitnot. Diese Zeitnot spüren wir, und zwar körperlich und seelisch. Wir fühlen uns schlapp, ausgebrannt, benutzt, müde, gestresst, ausgenutzt und fühlen uns als ob wir einfach nur zu einem Produkt der Wirtschaft gemacht werden. Im Grunde werden wir als Mittel zum Zweck benutzt, und der Zweck hat verschiedene Namen wie z.B Geld,Zukunft,erfolgreicher Job,soziale Prestige, Familie u.s.w. War es nicht Immanuel Kant , der gesagt hat, dass man Menschen nicht nur als Mittel zu Zweck ansehen soll ? Schade, dass wir im Philosophieunterricht 20mal den kategorischen Imperativ aufsagen müssen, aber niemals so eine Thematik anschneiden, denn es wäre zu gefährlich für das System, und wie wir es aus der Geschichte kennen wird Systemfeind einfach ausgeschaltet egal ob körperlich oder mental, egal ob in einer Diktatur oder in einer Demokratie ! Wir brauchen uns nicht die schrecklichen Beispiele aus der USA angucken, um zu verstehen welchen Ausmaß eine Bewusstseinskontrolle haben. Diese wurden mit unfreiwilligen Testpersonen mit Hilfe von Elektroschocks, Medikamenten, Drogen, Psychoterror, oder Hypnose durchgeführt, um zu gucken wie man das Bewusstsein der Menschen in Kontrolle anderer Hände bringen zu können, um noch mehr Macht zu erlangen. Glauben sie mir nicht ? Dann machen sie doch mal einen Selbstversuch und gucken sie für 2 Monate kein Fernsehen und sie werden merken wie sehr ihr Bewusstsein in den Händen andere lag !

In der Schule läuft nichts anders ab, wir werden mit Hilfe von Test,Klausuren und ständigen Kontrollen gezwungen unser selbstständiges Denken abzuschalten und es abzugeben. Vielleicht fragen sie sich warum dieses System so gut funktioniert und warum der Großteil einfach nur dabei zuschaut? Ganz einfach, weil dieses System ein Belohnungs- und Bestrafungssystem ist, wo der Angepasste belohnt wird und der „Rebell" bestraft. Das Traurige ist, dass diese System sogar psychologisch in unserem Gehirn nachweisbar ist. Es ist also kein esoterischer Humbug, sondern ein Prozess in unserem Gehirn. Der Bereich im Gehirn, der dafür zuständig ist nennt sie mesolimbisches System, dass bei positiven Ereignissen wie z.B einer eins in der Klausur positive Emotionen hervorruft wie z.B Freude, indem er Dopamin ausgeschüttet wird. Wir können also annehmen, dass dieses System bewusst manipulativ geplant ist und nicht auf liberianischem Boden basiert. Es ist seltsam , dass wir Bücher lesen müssen, Das Integral berechnen müssen und wissen müssen was in der französischen Revolution passiert ist, aber nichts von unserer Gesellschaft kennen lernen. Ich habe in der Schule noch nie von einem Lehrer das Wort „Matrix" gehört oder es im Lehrplan gesehen, aber ich meine welcher

Begründer würde schon sein eigenes System hinterfragen? Das intelligenteste Tier der Welt ist anscheinend nicht dazu in der Lage !

Etwas weniger Philosophie...

Als ich den Stift in die Hand nahm und angefangen habe zu schreibe, war mir ganz bewusst was ich hier mache, mir war ganz bewusst, dass ich gegen die Aufgabenstellung schreibe und eine schlechtere Note dafür bekommen würde, aber ich habe es trotzdem gemacht. Warum könnten sich jetzt einige denken ? Weil ich die Nase voll davon hatte immer nur wie ein Computer Informationen wiederzugeben, weil ich einmal mich selber verkörpern wollte und nicht den Lehrplan von NRW, und schlussendlich wollte ich auch den Lehrer ein wenig provozieren. Als wir die Klausur dann wiederbekamen stand beim als Bemerkung :„Etwas weniger Philosophie, etwas mehr Präzession." Was sollte diese Präzession bedeuten ? Diese Präzession bedeutete in den Fall einfach nur die Informationen auf unserem Heft von der vergangen Stunden wiederzugeben und einfach nur der Aufgabenstellung zu folgen. Aha so will uns also unser Deutschlehrer zu mündigen Bürgern erziehen ? Ist Adolf Eichmann auch nicht einfach nur bürokratisch seinen Aufgaben gefolgt ? Was dabei rausgekommen ist wissen wir ja mittlerweile ! Warum etwas weniger Philosophie ? Warum darf man das Eine rein tun und das Andere nicht ? Das Eine ist ja nicht direkt besser als das Andere oder ? Und warum überhaupt Philosophie, wenn ich einfach nur meine eigenen Gedanken niedergeschrieben habe ? Ich habe sie zwar mit Kant gekräftigt, aber das haben Andere durch sprachliche Argumente doch auch ? In den nächsten Stunden ging das so weiter, egal was ich von mir wiedergegeben habe es wurde von meinen Lehrer direkt in die Schublade „Philosophie" gesteckt und war direkt falsch ! Ich habe nach der Zeit sehr gut beobachten können, dass selbstständig Denken und Kreativität gar nicht erwünscht war, denn Kreativität und eigenes Denken bedeutet eben nicht die Informationen einfach nur wiederzugeben, wenn äußerlich durch Klausuren Druck gemacht wird. Er hat mir das immer wieder deutlich gemacht, dass ich mich einfach an die Aufgabenstellung halten soll und nur das machen soll was von mir verlangt wird. Auch in Elterngesprächen hat er das immer wieder betont, und meine Mutter ist auch erst mal darauf angesprungen, bis ich ihr erklärt habe was in diesem System eigentlich abläuft. Es hat einige Dokumentationen mit den Namen „Schulsklaven in Südkorea", oder „Die Bildungskatastrophe" gebraucht bis mir meine Mutter Verständnis gezeigt hat und selber eingesehen hat, dass in diesem System etwas falsch läuft . Doch wie kann es sein, dass es im reichsten Deutschland aller Zeiten so ein fatales

System herrscht ? Wie kann es sein, dass Bildung heute nur als Mittel zu Zweck ausgenutzt wird und das meistens auch nur für ökonomische Zwecke ? Wo ist die Lust am Lernen hin ? Diese Fragen beschäftigen mich tagtäglich, tagtäglich wenn ich in dieses gefängnisartigen Gebäude gehe und in diese lustlosen Gesichter gucke, jedes Mal wenn ich in der Klasse sitze und mich frage warum wir gerade diesen sinnlosen Quatsch durchnehmen müssen von dem 90 Prozent der Klasse es wieder nach der Klausur vergessen wird, jedes Mal wenn ich nach Hause gehe und mich Abends frage warum ich nicht für mich lernen kann, warum ich mich nicht mit Dingen beschäftigen kann, die mir Freude bereiten, warum ich einfach nicht ich selbst sein kann ! Wo ist dieses Gefühl hin von Anfangszeit in der Grundschule, wo wir uns auf den Unterricht gefreut haben bevor die Tests und Noten eingeführt wurden ? Wo wir uns erst mal jeden Morgen in einen Kreis gesetzt haben und uns erzählt haben wie es uns geht, um danach gemeinsam Lieder zu singen ? Wo sind diese leuchtenden Augen hin, die vor Begeisterung strahlen ? Warum habt ihr uns die Freude genommen ? Warum macht ihr uns tagtäglich Druck etwas erreichen zu müssen ? Warum müssen wir ständig haben und können nicht einfach nur sein ? Wenn ich in meinen

Sterbebett liege möchte ich nicht auf Klausuren und gute Noten zurück gucken, sondern auf ein erfülltes Leben !

Das habenorientierte Lernen

Was ist haben und was ist sein ? Der Soziologe und Psychoanalytiker Erich Fromm hat meiner Ansicht nach in seinem Buch „Haben oder sein" diese Problematik am besten geschildert, indem er auf zahlreiche Beispiele einging, die für uns noch aktuell und relevant sind. Ich möchte ihnen einen kleinen Eindruck von meinen Verständnis von Haben oder Sein geben. Hatten sie schon mal das Gefühl, dass ihnen etwas fehlt ? Ein bestimmter materieller Gegenstand in einer bestimmten Menge ? Klamotten z.B ? Wir kennen ja alle den Satz :„Ich habe einfach nichts zum Anziehen". Doch haben wir das wirklich oder bilden wir uns etwas in unserem Verstand ein und wenn ja warum machen wir das ? Warum haben wir gerade in der westlichen Gesellschaft die Angst ständig etwas zu verpassen ? Warum wollen wir immer mehr und kriegen nie genug ? Die Antwort findet sich bei der Sozialpsychologie. Wir kriegen es einfach von Kindesbeinen an beigebracht und ahmen es nach ! Das Kind was wie ein unbeschriebenes Blatt auf die Erde kommt wird schnell damit konfrontiert, dass sein Sein so nicht in Ordnung ist und, dass es etwas dafür tun muss, um erstmals zu sein. Getreu nach dem Motto :„Du bist erst, wenn du hast". Warum dann noch Depression als einer der häufigsten Krankheiten in der globalisierten Welt angesehen wird,lässt sich von selbst erklären. Der Unterschied zwischen dem Haben und dem Sein liegt darin, dass wenn du ständig im Haben bist auch ständig etwas willst, jedoch wenn du dich im Sein befindest, bist du einfach und beurteilst und kalkulierst nicht ständig. Dieser Seins-Modus wird in der Psychologie auch oft als „Flow" bezeichnet und er beschreibt einen Zustand, wo Zeit irrelevant wird, jedoch können wir so einen Zustand allein wegen der ständigen Unterbrechung nicht vorfinden. Das Phänomen „Born-Out" lässt sich durch diese Grundlage auch ziemlich leicht ableiten. Die Manager-Krankheit verbreitet sich immer mehr in den Schulalltag der Schüler und immer mehr Schüler erkranken für die „Bildung". War das, das Ziel von Humboldt ? Sicherlich nicht, aber vielleicht eine unüberdachte Konsequenz von unseren rational Ökonomen. Die Ideologie, dass man durch weniger Zeit und mehr Lernstoff mehr lernen soll haben diese Personen ohne eine bezogene Stellungsnahme der Psychologen und Soziologen eingeführt, um noch effizientere Ergebnisse zu kreieren. Was daraus geworden ist sehen wir heute : Ausgebrannte Kinder und Jugendliche ! Muss das sein ? War nicht das Lernen als Muße und Persönlichkeitsbildung gedacht ? Wenn ja warum wird diese

Persönlichkeit dann von diesem System zerstört ? Warum müssen immer mehr Jugendliche Psychopharmaka und Aufputschmittel nehmen, um mithalten zu können ? Versteht die Bildungspolitik so etwas unter Bildung ? Soll so etwas Persönlichkeitsbildung darstellen oder eher eine Persönlichkeitszerstörung ? Ist euch Geld wichtiger geworden, als unsere Gesundheit sowohl körperlich als auch psychisch ? Der Philosoph und Publizist Richard David Precht hat die momentane Bildungssituation nicht umsonst als Bildungskatastrophe diagnostiziert, denn wir stehen vor einer Katastrophe, die wir uns als scheinheilige mündige Bürger selber verursacht haben und, wo wir die Pflicht haben aus dieser selbstverschuldeten Unmündigkeit auszutreten ! Wir brauchen wie es Precht sagt keine neuen Bildungsreformen, sondern eine Bildungsrevolution ! Eine freie Schule kann nicht frei sein solange sie durch den Lehrplan eingeschränkt wird. Wir sind eine neue Generation, die mit diesem veralteten System nichts mehr anfangen kann. Wir wollen kreieren, kreativ sein, eigenständig sein, und wir wollen vor allem und selbst verwirklichen, jedoch halten uns diese Rahmenbedingungen auf, sie halten uns davon ab zu sein und wir müssen ein Gefühl entwickeln ständig haben zu wollen. Unser Wohlsein wird jedoch massiv durch diesen ständig erzwungenen Zustand beeinflusst und verschlechtert und wofür das Ganze ? Für ein Zeugnis, das nur eine Momentaufnahme widerspiegelt, anstatt ein tatkräftige Schilderung der Persönlichkeitsbildung ? Die Antwort lässt sich auch hier wieder in der Sozialpsychologie finden. Menschen nehmen nun mal lieber das hin was sie kennen und woran sie sich gewöhnt haben, sie verkriechen sich lieber ganz tief in das Kaninchenfell, anstatt hochzusteigen und den Zauber ins Gesicht zu sehen, denn so etwas würde Veränderung bedeuten und die Menschen müssten sich eingestehen für eine gewisse Zeit in ihrem Leben einen Fehler gelebt zu haben und es braucht viel Selbstkenntnis, damit man diesen Schritt gehen kann. Es ist viel einfach, dass zu glauben was einem vorgelegt und vorgespielt wird, anstatt sich selber eine eigenständige Meinung zu bilden. Diese Verhaltensweise, also dass wir die Verantwortung unseres Denkens und Handelns in die Hände anderer legen, führt dazu dass wir in starke Abhängigkeit geraten und unsere Dasein ständig Bestätigung braucht, da von seinem Umfeld abhängt. Schon der Philosoph Arthur Schopenhauer hat dies erkannt und diese äußeren Quellen als misslich,unsicher und vergänglich betitelt. Warum setzten wir es also nicht, wenn dieses Wissen schon so lange bekannt ist ? Genau aus dem Grund warum jemand der nur Bücher über Fitness und Sport liest niemals eine Hantel in die Hand nehmen wird oder sich für den Marathon anmelden wird, da ihm die Theorien viel zu heilig sind und er viel zu sehr darauf fokussiert ist . Wir können außerdem den Unterschied zwischen dem Haben und dem Sein nicht nur in der Schule entdecken, sondern überall im Leben ! Beim einkaufen, bei der Familie oder unseren Beziehungen. Wir können jemanden lieben oder Liebe haben, dabei verwechseln viele Leute, dass man Liebe gar nicht haben kann, da liebe ein tun ist und kein Substantiv wie sich viele einbilden. Wenn ich jemanden liebe fallen außerdem die ganzen äußerlichen Bedingungen weg, ich liebe ihn nicht mehr wegen seinem Geld oder seiner sozialen Prestige, sondern einfach nur deswegen weil er ist. Anders sieht es aus, wenn ich Liebe habe. Wenn ich Liebe habe gehe ich schon mit einer hohen Erwartungshaltung in die Beziehung hinein, der ein oder andere könnte meine, dass es sogar gut ist, jedoch zeigt die Praxis etwas anderes, und ich verlange auch ständig etwas von meinem Partner, da ich die mir selbst eingebildete Leere irgendwie füllen will. Wir sehen schon an diesem einfachen Beispiel wie sich diese Unterschiede auswirken können. Wir können zusammenfassend sagen, dass das Sein ein

Prozess ist wo ich einfach nur bin oder wie Psychologen es sagen würden „Ich bin im Flow", mir werden Äußerlichkeiten irrelevant und ich fange an den Prozess zu genießen und die Tätigkeit mit voller Achtsamkeit und Aufmerksamkeit auszuführen. Wenn ich jedoch ständig im Haben bin, bin ich wie ein Tennisball, der ständig hin und her geschlagen wird und ich habe praktisch keine Möglichkeit für mich selbst zu entscheiden. Ich verliere meistens meine Selbstwahrnehmung, Selbstkenntnis und Selbstbestimmung und werde immer mehr ein Opfer der äußerlichen Projektion, die sich mein Geist ausdenkt, jedoch vergesse ich total, dass dieser Geist mein Schöpfer der Realität ist und denke, dass die Realität so wie ich sie sehe objektiv und absolut gültig ist. Diese Sichtweise kann man jedoch schon sehr leicht entkräften, indem man zwei Menschen mit total unterschiedlicher Neigung zu einer Sache diese eine Sache vorlegt, um zu erkennen wir unterschiedlich die Sichtweisen und Wahrnehmungen der Personen sind.

Aber das geht doch nicht...

Wie oft musste ich mir schon in meinem Leben anhören was ich zu sagen und tun habe ? Wie oft wurde mir einfach ein Weg vorgelegt ohne mich vorher mal zu fragen, ob ich den Weg überhaupt gehen möchte ? Verdammt oft ! Ich bin langsam an einem Punkt angekommen, wo ich merke, dass ich mehr Widerstand verwende, um meine wahren Bedürfnisse zu unterdrücken und die meiner Familie und meinem Umfeld zu erfüllen. Wenn ich dann mal meine Bedürfnisse erfüllen will und das machen will was mir Freude bereitet, werde ich direkt in eine Schublade gesteckt und mir wird erklärt, dass ich in einer Traumwelt lebe. Auch wenn ich in dieser Traumwelt leben würde, würde ich lieber erfüllt dort leben, anstatt verbittert in der „Realität". Anders sah es nicht aus als mit der Schule aufhören wollte. Ich besuchte zu der Zeit die 11te Klasse eines Gymnasiums und habe innerlich gemerkt, dass ich einfach etwas anderes machen möchte, etwas künstlerisches und freies. Ich habe von dem Zeitpunkt an begonnen einen Blog zu eröffnen und angefangen über Themen zu schreiben, die mich sehr beschäftigen und berühren. Ich wollte und will immer noch kein dickes Bankkonto haben, sondern einfach nur ein erfülltes Leben ! Die Reaktion meiner Mutter fiel jedoch wie erwartet ernüchternd aus. Sie versuchte mich mit jeglichen Mitteln von der Entscheidung abzubringen und begann mit immer wieder zu sagen, dass ich einen meiner größten Fehler mache und alle meine „Talente" wegschmeißen würde. Sie begann mir weiß zu machen, dass ich mir wieder irgendeinen Schwachsinn in den Kopf gesetzt habe und es wieder durchsetzten will. Vielleicht hat sie sogar aus ökonomischer Sicht her Recht, jedoch bin ich die einzige Person in meinem ganzen Leben (Dies gilt übrigens für alle anderen auch), die ihr ganzes Leben mit sich verbringen wird und soll ich da nicht Möglichkeit haben mein Leben so erfüllt wie möglich zu gestalten ? Vielleicht verstehe ich total was anderes unter erfüllt als meine Mutter ? Ich kann es ihr jedoch nicht übel nehmen, da sie in einer anderen Generation und einem total anderen Umfeld aufgewachsen ist. Sie kommt aus einer Akademikerfamilie und da ist es nun mal üblich, dass jeder den Weg geht, der ihm vorgeben wird und wenn dann mal einer aus der Reihe tanzt wird versucht ihn oder sie wieder in das Muster zu zerren. Auch die anderen Reaktionen fielen zwar nicht so direkt aus, jedoch auch nicht gerade positiv. Alle sagten mir ich soll weiter machen immerhin ist es meine Zukunft und es geht ja um alles ! Aber ist das Alles ? Geld ? Erfolg um jeden Preis?

Nein für mich definitiv nicht ! Ich möchte am Ende meines Lebens nicht auf Blätter zurückschauen, die mir nur bescheinigen, dass ich zu einem bestimmten Zeitpunkt bestimmte Informationen aus mir ausgespuckt habe. Ich möchte mit voller Freude und Glückseligkeit auf mein Leben zurück gucken. Ich möchte Erfahrungen sammeln und auch mal etwas tun und nicht nur Informationen in mich aufsaugen. Ist dieses Konzept so sehr entfremdet in unserer heutigen Gesellschaft? Anscheinend schon ! Jedoch wäre es nicht mal schwer als diese Sachen umzusetzen, würden sie nicht direkt negativ kritisiert werden und in eine Schublade gesteckt werden. Auch wenn ich keine Akademikerin oder Professorin für Neurobiologie werde, kann ich von mir sagen, dass ich trotzdem Lust habe zu lernen, und zwar am Leben ! Ich werde mich auch ohne Institutionen weiterbilden können und meine Perspektiven erweitern können, denn das Bedürfnis nach Lernen und entdecken ist von Natur aus da, jedoch wurde es uns von Jahr zu Jahr mehr und mehr in der Schule ausgetrieben. Diese Lust will ich wieder zum Leben erwecken, indem ich das tue was meiner Leidenschaft entspricht und nicht der der Gesellschaft. Vielleicht werde ich nicht diese „Sichere Leben" haben, das sich alle in unserer Gesellschaft erträumen, aber vielleicht will ich das auch nicht ! Vielleicht bin ich in Augen anderer Menschen zu idealistisch, aber vielleicht habe auch nur das Bedürfnis, das zu machen was in mir ist und das was von außen von mir verlangt wird. Vielleicht habe ich den Augen anderer Menschen „Versagt", aber ist es nicht wichtiger was aus meinen Augen her „Erreicht" habe ? Vielleicht lasse ich mich in den Augen anderer zu schnell von etwas hinreisen, vielleicht bin ich aber auch einfach nur davon fasziniert, dass es auch anders gehen kann, dass es nicht unbedingt der klassische Weg sein muss, sondern dass es ein individuelleren Weg gibt, auch wenn es mehr Mühe kostet ihn zu gehen. Ich will nicht irgendwann an meinem Sterbebett liegen und mir Gedanken darum machen warum ich mein Leben die ganze Zeit von anderen Menschen gelebt wurde, anstatt von mir oder warum ich gelebt wurde, anstatt wahrhaftig zu leben. Für mich gehört dabei nun mal nicht zwangsläufig das Abitur zurück, denn was bringt mir so ein Armutszeugnis (Ist übrigens nicht auf das Geld bezogen) was nur angibt wann ich welche Informationen aus mir ausgespuckt habe ? So etwas nennt man Leben ? Ich hoffe doch nicht ! Die Kurzfristigkeit auf den Blick des Lebens ist anscheinend noch bei vielen Menschen verankert, denn ansonsten würden sie nicht (Ich schließe mich übrigens nicht aus) so viele belanglose Dinge tun, die einem mit einem tieferen Blick keinen wirklichen Nutzen bringen, sondern nur materiellen Besitz und Anerkennung.

Der Krieg gegen mich selbst begann mit dem Weg zur Schule

Der Gang für mich zur Schule wurde für mich zu einem Gang in ein entfremdetes und missglücktes Leben. Wie oft wollte ich einfach zu Direktor rennen, meine Unterschrift abgeben, und mich von dieser Sinnlosigkeit befreien, die mich tagtäglich gequält hat ? Wie oft wollte ich mich schon gegen meine Ohnmächtigkeit wehren ? Meine Ohnmächtigkeit gegenüber den Dogmen und Obrigkeiten der Schule. Wie oft wollte ich aus diesem Gefängnis ausbrechen ? Sobald ich einen Schritt in Richtung Freiheit wagte, machte sich Gegenwind breit, und zwar von meiner Familie, von meinen Freunden, von Schülern und auch Lehrern und im Grunde genommen mein ganzes Umfeld. Sie wollten mich alle mit rationalen und realistischen Argumenten der Ökonomie von allem „Unvernünftigen" abhalten, ach wie ich diese Realisten schon immer gehasst habe ! Aber ich kann auch nicht mehr und ich will auch nicht mehr ! Mich macht es psychisch fertig jeden Tag so etwas unwirksames und sinnloses zu tun. Jeden Tag den Lehrern etwas vorzuspielen und vielleicht noch schlimmer mir selber ! Ich habe

Krieg geführt, und zwar gegen mich selber ! Nie wieder werde ich so etwas über mich ergehen lassen. Nie wieder werde ich mich gegen meinen Willen zu Unrecht irgendwo festhalten lassen und ständig überwachen lassen. In der Schule konnte ich nie einen Ort der Stille finden, nirgendswo ! Ich musste überall überwacht werden und überprüft werden, dass ich auch gar nicht gegen die Schulordnung verstoße,manchmal habe ich mich wirklich wie ein Gefangener gefühlt, aber was habe ich getan ? Eine Verhandlung hat nie stattgefunden ! All dies führte zu einer Entfremdung und das hatte eine starke Anpassung zur Folge, bis zu einem gewissen Zeitpunkt, wo intuitiv spürte, dass etwas nicht stimmt, und zwar ganz gewaltig, oder mit Morpheus Worten ausgedrückt:,, Es war wie ein Splitter in meinem Kopf, der mir zeigt, dass irgendwas mit dieser Welt nicht stimmt". Wissen sie was das Schlimmste für mich war ? Ich hatte das Gefühl, dass mich niemand wahrhaftig nachvollziehen konnte, ich hatte das Gefühl von meiner Mutter vermittelt bekommen, dass ich mir mal wieder irgendeinen Schwachsinn in den Kopf gesetzt habe und nun mein Leben ruinieren werde. Bei den Lehrer sah es nicht anders auch, mein Deutschlehrer mahnte mich immer wieder zu meinen zu philosophischen Beiträgen und bemerkte dies auch immer wieder unter meinen

Klausuren anstatt, dass er sich meine Stärke zu Nutzen machte, kränkte er sie und das lässt einen nicht spurlos stehen, egal wie resistent man noch sein mag. Ich hatte das Gefühl fehl am Platz zu sein , als ob es eine Krankheit ist diese Philosophie und ich sie bitte so schnell wie möglich los werden soll. Ich wollte einfach nur weg, weg an einen anderen Ort, einen Ort der Akzeptanz und Ruhe, wo ich einfach nur sein kann und keine ständige Rechtfertigung für meine Existenz brauchte. Ich habe diesen Ort zu Schulzeiten nie gefunden, stattdessen wurden mir Orte der Unruhe, Ängste und Überwachung gezeigt. Ich mag diese Orte bis heute nicht und verabscheue sie und wünsche allen Kindern, dass sie so etwas niemals erleben müssen und, dass sie ihre Neugier vor diesem System retten, das es auffressen will. Ich würde lieber sterben, als noch einmal so etwas über mich ergehen zu lassen, ich werde nie wieder diesen Krieg nie wieder gegen mich selber, nie wieder werde ich auf Zwang einer Obrigkeit mich zu etwas nötigen lassen, was ich nicht will, nie wieder werde ich auf meine Grundrechte verzichten, nie wieder werde ich meine Menschenwürde entziehen lassen. Es hat sich wie schon erwähnt angefühlt fehl am Platz zu sein und der Druck als Reaktion auf meinen Widerstand wurde von Tag zu Tag größer. Ich wurde mit Argumenten von Realisten und

Rationalisten überflutet und ich glaube am meisten getroffen hat mich die Reaktion von meiner Mutter und meinem Bruder. Ich möchte die Beiden hier nicht schlecht reden, aber ihre Worte kränkten mich und die psychische Kraft die Worte besitzen können mindestens genau so einen großen Schaden anrichten wie eine psychische Verletzung. Die fehlende Unterstützung verletzte mich sehr und ließ mich immer wieder in Gedanken abschweifen doch das zu tun was von mir verlangt wird, aber da war etwas, etwas wie ein innerer Kompass, der mir Kraft gab und auch Halt, damit ich in dieser Reizüberflutung nicht irre werde. Ich hatte so oft das Gefühl, dass meine Mutter so etwas nicht vor Anderen präsentieren wollte, ich meine was soll man denn der Familie und den Freunden erzählen, wenn sie fragen was das eigene Kind denn gerade macht ? Soll sie etwa sagen, dass sie Freiberufler ist und immer das macht was für sie im Moment richtig ist ? Wer würde so etwas verstehen oder gar akzeptieren, in einer Gesellschaft, die sich nur durch Leistung definieren kann und wo dein Lebenslauf deine Identität abspiegeln soll ? Es kränkte mich sehr, dass meine Mutter keine Akzeptanz aufbauen konnte, aber auf der anderen Seite bin ich froh über mich selbst, dass ich mir selbst treu geblieben bin und das tue was mich am meisten erfüllt und was von meinem Innersten kommt. Diese andere Seite gab mit immer wieder Kraft für mich und meine Tätigkeiten. Ich denke, dass Eigennutz in erster Linie vor Gemeinnutz stehen sollte, und ich werde nie diese eine Philosophiestunde vergessen, wo unser Lehrer uns gefragt hat wer dafür ist, dass Gemeinnutz vor Eigennutz steht und 95 Prozent der Klasse hat sich gemeldet und dann fragte er, ob wir wüssten von wem das Zitat stammt und wir alle verneinten diese Frage. Wissen sie es möglicherweise ? Adolf Hitler war es ! Dieser eine Lehrer war in meinen Augen mehr als nur ein Lehrer, er gleichzeitig ein Pädagoge und wusste wie man mit Kindern und Jugendlichen umgehen kann, er verkörperte auch das was wir im Unterricht behandelt haben, obwohl er es manchmal schade fand, dass er sich so streng an den Lehrplan halten muss, man hatte das Gefühl etwas für das Leben zu lernen und nicht nur für die nächste Klausur. Man hatte das Gefühl, dass er sich individuell für jeden Schüler Zeit nahm und ihm Aufmerksamkeit schenkte, anstatt ihn einfach nur abzufertigen. Die Stunden endeten meistens immer mit einer nicht zu ende geführten Diskussion und man hatte das Gefühl, dass wir alle da noch Stunden herumsitzen konnten und darüber diskutieren könnten ob man jeder Mensch gleichwertig ist oder nicht. Er führte auch zwei Blogs, wo er regelmäßig philosophische Themen behandelte und sie zeitgemäß auf heute übertrug wie z.B die Flüchtlingslage, der Kapitalismus und auch die Schule. Ich glaube, wenn man ihm von diesen ganzen Lehrplänen befreit hätte, würde er noch mehr Möglichkeiten nutzen, um seinen Unterricht noch lebendiger zu gestalten. Er war jemand der die Fähigkeit hatte sein volles Potenzial auszunutzen und seine ganzen Möglichkeiten um sich herum wahrzunehmen und sie gegebenenfalls auch zu nutzen, er war nicht auf Autopilot, sondern aufmerksam und wach. Er gab mir durch seine inspirierende Art Kraft an das zu glauben was ich glauben will und das umzusetzen was umsetzten will und mich nicht von anderen Stimmen beirren zu lassen. Ich werde ihm noch lange dafür dankbar sein, dass er immer neue Perspektiven gezeigt hat und mich immer wieder auf neue Ideen und Gedanken gebracht hat. Er hatte diese Vorstellungskraft, die ihm die Möglichkeiten offen machten, das zu tun was er tun will und sich nicht von anderen beirren zu lassen. Er war der erste Lehrer den ich gesehen habe, der uns Schüler nicht nach Noten abfertigte, obwohl er ungern Noten verteilen musste, sondern versuchte immer wieder individuelle Rückmeldung zu geben und ich war ihm verdammt dankbar dafür! Endlich sieht ein Lehrer nicht als Zahl, sondern als

Menschen an und erkennt was für grausame Wirkungen Noten auf uns Schüler haben können. Ich werde diesen Krieg beenden, den er richtet so viel Schaden für mich und alle anderen an, die ihn noch führen, dieser Krieg hat keine Gewinner, sondern nur geschädigte Seelen und Seelen kann man mit keinem Konsumgut der Welt wieder herrichten. Ich bitte sie auch den Krieg zu beenden und auszusteigen, falls sie ein freies und unabhängiges Leben führen möchten. Ich sage nicht, dass es sehr einfach sein wird, nein sie werden auf verdammt viel Gegendruck stoßen, aber sie sollten sich fragen was sie für ein Leben leben möchten und wer sie sein möchten. Möchten sie ein selbstbestimmtes Leben führen oder eine Marionette der Gesellschaft und des Staates sein ?

Willkommen im Todestrakt deiner Seele

Ich kann mich noch genau an den Abend erinnern, ich war sieben Jahre alt und habe mir eine Kindernachrichtensendung auf dem Sender Kika angeguckt. Es ging um die Todesstrafe und es wurde erklärt was das überhaupt ist. Mit einem inneren Entsetzten und einer tiefen Trauer stand ich auf und rannte zu meiner Mutter, um zu fragen warum man so etwas schreckliches mit Menschen machen muss. Meiner Mutter erklärte mir, dass dies bei einigen Fällen halt so notwendig war, und ich wusste von der ersten Sekunde an aus einer inneren Moral, die irgendwie immer da war, dass dies nicht richtig und human war egal ob es von Menschen durchgeführt wird oder vom Staat. Ab diesem Tag an habe ich mich immer mehr recherchiert und ich brauche nicht über den Fall von Troy Davis zu reden von dem es bis heute keine eindeutigen Beweise für seinen angeblich begangenen Mord gibt, um zu erläutern wie nichtig, unwirksam und scheußlich diese Strafe ist. Wer sich mit der Todesstrafe etwas auseinandersetzt und über den Todestrakt in der USA ließt wird erfahren, dass die Todeskandidaten nach ihrer Hinrichtung mit einer Nummer statt dem Namen begraben werden. Welch eine Schande !

Menschen werden wie am Fließband abgefertigt und getötet als ob sie Maschinen wären und eine Nummer, die es sowieso nicht Wert ist zu leben, dass dieser Gedanke an Unmenschlichkeit und Grausamkeit grenzt brauche ich hier nicht zu betonen. Doch was hat das alles mit Schule zu tun ? Was zur Hölle denkt sich eine Schülerin so etwas mit der Schule gleichzusetzen ? Naja diese Schülerin will nicht auf körperlichen Grausamkeiten hinaus, sondern auf die seelischen. Uns Schülerin wird Stück für Stück die Neugier,Kreativität und Lust am Lernen genommen und stattdessen wird uns immer mehr Langeweile und Bürokratie injiziert. Immer mehr verlieren wir uns selbst bis wir irgendwann wahrhaftig an einem Seeleninfarkt innerlich sterben ! Wie werden wie es der Philosoph Richard David Precht beschrieben hat wie Pferde dressiert, die ursprünglich für das Laufen gemacht waren und nicht für das Springen über hohe Hindernisse. Genau so sieht es für uns Schüler aus, wir sind von Natur aus für das Lernen,Erfahren und Entdecken gemacht, ich meine sie brauchen sich nur ein kleines Kind dafür anzugucken, aber halt nicht für die Schule! Unser Körper und unsere Seele wird immer mehr verkümmern, wenn man uns weiterhin zwingt stundenlang in einem Raum zu sitzen und Dinge aus einem Blatt oder von der Tafel wiederzugeben. Allein, dass Deutschland einmal das Land der großen Dichter und Denke war, zieht die ganze Angelegenheit noch mehr ins Peinliche. Wir sollten im Deutschunterricht nicht nur leben wie wir eine Szene von Faust aus Goethe analysieren können, sondern auch , dass eben genau dieser Faust das beste Beispiel dafür ist was zu viel Akademisierung und angebliches Wissen mit einem machen kann. Der Satz vom antiken Philosophen Sokrates :„Die Klügste ist die, die weiß, dass sie nichts weiß", trifft sehr gut auf die Problematik zu, denn wir bilden uns gerade in der westlichen Gesellschaft ein, dass wir durch zahlreiche Qualifikation und Abschlüsse irgendwann allwissend werden, dass dies jedoch durch die Mengen an Informationen und die Reizüberflutung der heutigen Zeit einfach unmöglich ist ist klar ! Diese Erkenntnis bedeutet jedoch nicht, dass wir jetzt alles hinschmeißen müssen, denn Sokrates hat auch gesagt, dass ihm genau diese Unwissenheit dazu gedrängt hat mehr Sachen zu wissen und Erkenntnis zu erlangen, es war also eine Art Motivation. Diese kostbare Motivation unserer Seelen tötet das System jedoch immer mehr, indem es uns durch ständige Test und Benotungen weiß machen will, dass wir noch nicht allwissend sind oder es sein müssen, um den Anforderungen zu genügen.

Erwartungshorizont ? Einen Scheiß muss ich !

Erwartungen sind das was in meinen Augen das Glück und Wohlsein der ganzen Menschheit zerstört und zu Grunde richtet. Überall haben wir Erwartungen und in Beziehungen mit anderen Menschen sind sie das was zu Eifersucht, Streit und Missverständnissen führen. Wir haben diese Haltung schon so tief in uns verankert, so dass wir sie sogar auf die Kleinen von uns übertragen. In der Schule sind wir Schüler ständigen Erwartungen niedergesetzt und tragen die von unseren Eltern meistens noch unbewusst mit uns mit. In den Tests, Klassenarbeiten und Klausuren werden diese Erwartungen sehr deutlich, denn die Bewertung besteht ausschließlich nur aus ihnen. Wie soll man da noch eine offene und unvoreingenommene Haltung gegenüber der Welt einnehmen, wenn man die ganze Zeit dazu konditioniert wird genau das Gegenteil zu tun ? Wir können diese Unvoreingenommenheit sehr gut bei kleinen Kindern oder Babys beobachten, die ohne Vorurteile und Bewertungen die Welt für sich entdecken und dabei noch Freude haben, jedoch können wir genau so gut erkennen wie diese Unvoreingenommenheit Stück für Stück verkümmert. Angeboren ist es auf jeden Fall nicht !

Sind wir im Krieg ?

Wozu brauchen wir diese ganzen Prüfungen ?

Wozu brauchen wir die ganze Kontrolle ? Warum dürfen wir nicht alleine sein ? Will man uns auf etwas vorbereiten ? Wenn ja auf was bitte, denn mit der Welt da draußen hat das nichts zu tun ! Will man uns auf den Konkurrenzkampf vorbereiten, damit wir diese kaputte Welt noch mehr zerstören können ? Steckt System und Manipulation hinter all dem oder gibt es wirklich ein tieferes Ziel, etwas mit Sinn und Wert ? Wenn ja warum spüre ich dann von Tag zu so eine Sinnlosigkeit? Warum fühle ich mich so als ob ich mich in einem Hamsterrad bewegen würde ? Warum fühle ich mich dann so fremdbestimmt ? Warum fühle ich mich so kontrolliert ? Warum lässt man uns dann nicht frei sein ? Warum schenkt ihr uns kein Vertrauen ? Ist das so schwer ? Oder habt ihr einfach Angst einen ökonomischen Nachteil daraus zu ziehen ? Warum werden wir so behandelt, als ob wir im Krieg wären, als ob es um Leben und Tod gehe ? Die Schülerin Yakamoz Karakurt hat das 2011 in ihrem Beschwerdebrief eindrucksvoll ausgedrückt,der sogar in einem Onlineartikel der Zeit-Online erschien, sie schrieb:*„Ich gehe in die 9. Klasse eines Hamburger Gymnasiums und habe ein Problem: Ich habe kein Leben mehr. Mit Leben meine ich Hobbys, Freizeit und Spaß. Der Grund dafür ist die Verkürzung der Gymnasialzeit auf acht Jahre. 12 Jahre bis zum Abitur statt 13, das* *bedeutet Druck und Stress. Jeder weiß, dass die Schule nicht das Leben ist. Mein Leben aber ist die Schule, was heißt, dass da etwas falsch gelaufen sein muss. Ich komme um 16 Uhr aus der Schule und gehe nicht vor 23 Uhr ins Bett. Und das liegt nicht daran, dass ich fernsehe, mich entspanne oder sogar Spaß habe. Mein Kopf ist voll. Zu voll. Was denken sich eigentlich diejenigen, die über unser Schulleben bestimmen?*

Dabei gehe ich gern zu Schule. Ich glaube, viele von euch (und Ihnen) wissen, was ich meine. Bei mir war es in den letzten Wochen vor den Sommerferien am schlimmsten. Wir mussten alle Arbeiten hintereinander schreiben. Klar, dass das nicht gut laufen konnte. Was bringt uns dieser Stress? Was haben unsere Eltern davon, dass wir ihre Rente in 30 Jahren sichern, aber heute schon kaputt gemacht werden? Das, was ich hier schreibe, geht jeden etwas an: Schüler, Eltern, Geschwister, Lehrer.

Ich will mich beschweren. Aber wie geht das? An wen kann ich mich wenden? Ich habe beim Hamburger Schulsenator Ties Rabe angerufen, um zu fragen, wer eigentlich für solche Regelungen zuständig ist. Ich dachte, er muss doch Ahnung von uns Schülern haben. Ich wollte erklären, wie wir Schüler uns fühlen und dass ich denke, dass es so nicht weitergehen kann. Doch die Person am anderen Ende der Leitung hat mich unterbrochen und gesagt, dass das Gymnasium nur für selbstständige Schüler geeignet sei, die ein gewisses Lerntempo durchhalten. Es gebe da ja noch die Stadtteilschulen, auf denen das Abitur nach 13 Jahren möglich sei. Aber das weiß ich alles schon. Ich kenne diese Argumente.

Wahrscheinlich kann man nicht sehr viel erwarten, wenn man als 15-Jährige in einer Behörde anruft und den Senator sprechen möchte. Schon klar. Aber ich frage mich, ob einige der Erwachsenen, die Entscheidungen für uns treffen, schon einmal versucht haben, sich in uns hineinzuversetzen? Damit meine ich jeden Erwachsenen, den es überrascht, was ich hier schreibe. Sie wissen nicht, wie es uns geht, weil sie es nicht wissen wollen. Wir sollen Maschinen sein, die funktionieren, und das mindestens 10 Stunden am Tag. Aber funktionieren heißt nicht gleich lernen. Lernen bedeutet nämlich vor allem eins: Erfahrungen sammeln.

Was bringt es mir, wenn ich die chemische Formel von Cola kenne? Was bringt mir dieses unnötige Wissen? Es kann sein, dass es einige Leute interessant finden. Es kann aber nicht sein, dass ich 14 Fächer habe und von mir erwartet wird, in jedem davon eine super Leistung zu bringen. 37 Stunden in der Woche bin ich in der Schule und bringe sie danach auch noch für mehrere Stunden mit nach Hause. Denn in der Schule wird uns wegen der Verkürzung der Schulzeit meist nur noch Theorie beigebracht, damit wir die Übungen zu Hause machen dürfen." Was sagt unser dieser Brief einer Schülerin aus ? Wie viele Schüler und Schülerin müssen noch ihr Leid schildern, damit wir verstehen, dass es so nicht weitergehen kann ?

 Wie tief darf die Schule noch in unser Leben eingreifen und wenn ja wofür eigentlich ? Hat uns jemand gefragt, ob wir überhaupt in diesen ökonomischen Krieg gehen möchten, oder wurden wir einfach da rein sozialisiert ? Wo sind die Antworten auf die Fragen, die ich mir seit Jahren stelle, diese Frage nach dem Warum ?Warum will sie mir keiner beantworten ? Oder fürchtet da Menschen etwas zu verlieren mit dem sie die ganze Menschheit unter Kontrolle haben ? Warum müssen wir die Antwort auf eine quadratische Gleichung kennen, aber auf keinen fall auf das Warum? Wird uns da doch eine Scheinwelt vorgegaukelt? Will man uns jemand etwas vorbehalten ? Vielleicht sind wir gar nicht das was wir denken,fühlen, hören, riechen und sehen ? Vielleicht täuschen uns ja diese Sinne und man benutzt die gekonnt, um uns unter Kontrolle zu haben und zu nach belieben manipulieren zu können ? Warum erscheint den meisten Menschen dieser Gedanke so fremd ? Vielleicht weil man das so will ? Vielleicht will man gar nicht, dass wir die Wahrheit kennen, ich meine wer garantiert uns schon, dass das richtig ist was in den Schulbüchern steht ? Der Staat etwa ? Und wenn ja wer ist dieser Staat? Ein paar Leute im Anzug, die sich einen Orden ankleben, um sich tagtäglich zu versammeln, damit sie über das Wohl von 82 Millionen Menschen entscheiden können ? Ist das nicht einer der größten Paradoxen der Gesellschaft? Wer weiß schon identisch was für mich jetzt gerade in diesem Moment gut ist ? Kein Psychologe, Psychoanalytiker, Philosoph oder Pädagoge könnte genau das fühlen und denken was ich fühle und denke und wie sollen das dann Politiker machen, die ihr ganzes Leben nichts anderes gelernt haben, als das Volk mit ihren Redereien zu manipulieren und gute Lobbyisten zu finden ? Warum glauben wir so schnell und bedingungslos Autoritäten, obwohl diese nur Menschen sind wie ich und sie ? Warum stimmen wir sofort zu, wenn uns keine Autorität erscheint, aber nicht, wenn uns ein ganz normaler Bürger erscheint, der möglicherweise vernünftiger und besser entscheiden könnte ? Warum geben wir unsere

Selbstbestimmung in die Hände von ein paar Menschen. Ist uns unsere Autonomie so egal geworden ? Haben wir für so etwas gekämpft, das sich Demokratie nennt ? Und wenn, ja brauchen wir das überhaupt ? Sind wir so unfähig für uns selbst zu entscheiden, dass so ein Dilemma herbeigeführt werden müsste ?Ist unser bedingungslos Grundvertrauen so verkümmert ? Braucht es wieder ein Umdenken der Gesellschaft, um Vertrauen in das Volk zu bringen ? Das Vertrauen zu den Politikern wird nämlich von Jahr zu Jahr geringer was man an den niedrigen Wählerzahlen erkennen kann, also worauf warten wir noch ? Wie lange wollen wir uns diese Fremdbestimmtheit noch gefallen lassen ? Wer die Macht über sich selbst dem Staat abgibt ist auf jeden fall kein mündiger Bürger oder frei und autonom ! Hört auf uns so wie Soldaten zu behandeln und uns das Gefühl zur vermitteln, dass wir stets Angriffsbereit für den Gegner sein müssen, denn die unseren wahren Gegner seid eigentlich ihr, die uns wie Marionetten unter Kontrolle haben wollt.

Der Brief von Yakamoz Karakurt ist nur ein Ausdruck von dem was innerlich alle denken, aber auch von dem wir uns die Augen zu zuhalten, da wir zu ängstlich sind dieser hässlichen Wahrheit ins Gesicht zu sein, obwohl

wir selber die Schöpfer dieser sind.

„Wir sind die Schüler von heute, die in den Schulen von gestern mit Lehrern von vorgestern und Methoden aus dem Mittelalter auf die Probleme von morgen vorbereitet werden". **-Dr.Peter Pauling**

Beendet den Krieg gegen euch selbst

Ich möchte nun an alle Schüler appellieren, die Angst haben, die Angst haben vor euch, vor euren Sanktionen, vor euren schlechten Noten, vor Ärger mit dem Lehrer, vor Elterngesprächen, ich möchte an die Schüler appellieren, die Angst haben vor unserer Gesellschaft ! Wisst ihr eigentlich, dass ihr zu funktionierenden Maschinen herangezüchtet werdet ? Wusstet ihr, dass ihr fremdbestimmt seid ? Wusstet ihr, dass eure Grundrechte tagtäglich verletzt werden ? Wollt ihr das alles über euch ergehen lassen ? Wollt ihr weiterhin ganz unten in der Hierarchie bleiben ? Ihr braucht keine Angst haben, denn Angst ist nur ein von Menschen erfundenes Konzept, sie haben euch damit infiziert, damit sie euch benutzen können, damit sie euch als Sklaven benutzen können. Ich benutze das Wort Sklaven hier ganz bewusst, denn ich vermute, dass wir alle zu Sklaven herangezüchtet werden, die wie mark twain es sagte nicht besser zu tun haben, als die Meinung seiner Nachbarn sklavisch zu übernehmen. Wir wurden wie es Morpheus in dem Film „Die Matrix" erklärt hat in die Sklaverei rein geboren und man hat uns immer mehr dazu gezüchtet Sklaven unseres Verstandes zu werden, damit wir immer rationale Grenzen setzten können. Diese rationalen Grenzen sind nichts mehr als ein Gefängnis ein Gefängnis für unseren Verstand und so lange wir uns in diesem Gefängnis befinden, werden wir nie frei und unabhängig leben können. Dieses Gefängnis erzählt uns tagtäglich warum etwas nicht geht oder warum wir lieber das machen sollen was alle tun, um bloß nicht aufzufallen, es hat Angst, Angst, dass das Ego verletzt wird. Solange wir aber von diesem Gefängnis abhängig sind führen wir Krieg, Krieg gegen uns selbst, und ich bitte euch diesen Krieg zu beenden, wir brauchen das nicht, kein ökonomischer Vorteil ist so etwas wert ! Wir müssen uns erheben, erheben gegen die Autoritären, die uns tagtäglich erniedrigen, erheben gegen diese Auslese, erheben für unsere Grundrechte, erheben für unsere Menschenwürde, erheben gegen ein System was nur eins im Kopf hat, und zwar Auslese und Kontrolle, erheben gegen diese Bewusstseinskontrollen und erheben für unsere Unabhängigkeit und unser bedingungslos Recht auf unser Menschsein.

Vergesst in diesem Augenblick alles, denn schlechte Noten und andere mögliche Sanktionen sind nur Produkte eures Verstandes, der euch wieder Schranken setzten will, wenn ihr weiter hin in Problemen denkt, befindet ihr euch wieder in diesem Gefängnis, das die Gesellschaft für euren Verstand gebaut hat. Wir können aber ausbrechen, wenn wir alle zusammenhalten und für das kämpfen was die meisten Menschen nicht sehen wollen, wenn wir für das kämpfen was unseren Erwartungen entspricht und nicht von den anderen. Wenn wir aus diesem Gefängnis ausbrechen wollen müssen wir als erstes sehr viel Mut aufbringen, denn auf dem Weg werden uns verdammt viele Rationalisten und Realisten in die quere kommen,die uns beweisen wollen, warum wir es nicht schaffen können. Wir müssen an uns glauben nur so können wir resistent gegen die Anderen sein ! Wir müssen uns auch als aller erstes eingestehen, dass wir jahrelang manipuliert worden sind, auch wenn das schmerzhaft sein wird, ist es dennoch nötig, damit wir ein Leben außerhalb dieser Manipulation leben können, denn das richtige Handeln kann erst mal nur aus der richten Einsicht entspringen. Solange wir ablenkbar sind wird der Staat und andere Autoritären und Institution versuchen uns abzubringen und uns mit belanglosen Konsumgütern zufrieden zu stellen, es kann sein, dass manche dieser Verlockung nicht Stand halten können, aber wir dürfen uns auch nicht von diesen Menschen beirren lassen. Solange uns materielle Güter, Anerkennung von Personen wichtiger sind, als unsere Freiheit, werden wir nie frei sein, denn Andere können diese Abhängigkeit gekonnt nutzen, um uns von unserem Weg abzubringen. Wenn wir es aber schaffen gegen all diese Dinge resistent zu werden, können wir etwas schaffen was in den Augen andere unrealistisch und nicht logisch erscheint. Ich glaube daran, dass wir eine neue Generation sind, eine Generation, die sich selbst definieren und gestalten will, eine Generation, die ihr Leben selbst in die Hand nehmen will, eine Generation, die verdammt eigenständig und kreativ sein wird, wenn man ihr Raum und Zeit dafür gibt.

Chancengleichheit? Das will doch keiner !

Wie das System Bildungsversager konstruiert

Wenn man sich einige Bildungspolitiker oder Angestellte vom Kultusministerium anhört erfährt man oft, dass die Selektion der Noten und der verschiedenen Schulformen zur Chancengleichheit dienen soll ? Wie viel Wahrheit steckt in solchen Aussagen ? Warum lässt sich in der Praxis genau das Gegenteil beobachten ? Warum fördert dieses System genau das Gegenteil vom individuellen Lernen ?

Diese ganzen Fragen sind mir durch den Kopf gegangen, als ich beobachtet habe wie Kinder vor der Einschulung noch kreativ, neugierig und am wichtigsten vielleicht noch Lust und Freude am Lernen hatten. Mit der Zeit in der Schule verfliegt diese Lust. Doch wieso ? Weil es die Vorgaben und Rahmenbedingungen dieses System es so vorsehen. Ich meine was wäre das Abitur noch wert, wenn es fast 80-90 % der

Bevölkerung erringen würde ? Warum selektiert man Schüler ? Ganz einfach um Unterschiede deutlich zu machen, und in einem unmenschlichen Kampf zu zeigen wer besser ist als der andere. Es geht nicht um Individualität und schöpferisches Tun, sondern um Anerkennung, Anerkennung durch Zahlen, die ungefähr genau so viel Aussagekraft haben wie die Zahl auf der Wage, denn man weiß nicht, ob diese Zahl aus Fett oder Muskelmaße besteht, und dennoch geben die Menschen dieser Zahl so viel Wert und objektivität, obwohl diese das nicht kann ! Wir haben uns angewöhnt für alles einen Maßstab zu finden, um unsere Leistung zu messen, jedoch kann man die Individualität und die Persönlichkeitsentwicklung eines Schülers nicht in einer Zahl ausdrücken, denn diese Zahl drückt lediglich aus, dass diese Zahl besser oder schlechter ist als eine andere Zahl ! Es gibt genug Berichte von Lehrern die belegen, dass Kinder noch vor der Benotung ,wie das in der ersten und zweiten Klasse in manchen Bundesländern ist, noch viel lustvoller am Lernen beteiligt waren und mit einem höheren Selbstbewusstsein dabei waren, als das System angefangen hat sie zu benoten und die Kinder sich mit dieser Note identifiziert haben. Schlimm genug, dass sich die Kinder sich mit den Noten identifizieren, meinen nun die meisten Leute, dass wir ein dreigliedriges

Schulsystem zur Chancengleichheit und individuellen Förderung brauchen !

Was die verschiedenen Schulformen mit uns machen

Die Gliederung in Hauptschule, Realschule und Gymnasium dient lediglich zur Selektion und Auslese ! Es ist ein Kampf um die wenigen begehrten Plätze an den Gymnasien. Wenn man denkt, dass der Kampf dann auf dem Gymnasium aufgehört hat, hat sich stark getäuscht ! Der Kampf beginnt erst richtig da, und zwar geht es jetzt um das Abitur, um sich von den Anderen abzuheben. Die Kinder uns Jugendliche verlieren bei diesem Prozess der Selektion ihre Kreativität, ihr eigenständiges Denken und ihre Lust am Lernen. Lernen wird als Mittel zum Zweck (Abitur) angesehen, und nicht als Zweck an sich. Ich frage mich, ob wir uns ernsthaft Selbstmorde von Südkoreanischen Schüler angucken müssen, um zu kapieren, dass wir in einer narzisstischen Gesellschaft leben ! Wie lange wollen wir dieses Spiel noch spielen ? Wie lange hält das unsere Psyche noch aus ? Wie viele Schüler müssen noch wegen stressbedingte Depression in der Psychiatrie landen ? Wie viel Ritalin vertragen diese Schüler noch ?

Einen Schlussstrich ziehen !

Wir müssen damit aufhören ! Wir müssen damit aufhören unseren Kinder zwanghaft vorzuleben, dass Leistung alles im Leben ist, ansonsten können wir mit noch mehr psychosomatischen Krankheiten rechnen. Wir müssen aufhören sie mir Ziffern und Noten gleichzusetzen, ansonsten brauchen wir uns nicht über unsichere Persönlichkeiten zu wundern. Es ist ein Umdenken nötig ! Wir müssen ihnen beibringen, dass sie als Menschen einen Wert an sich haben und ihr volles Potenzial mit Kreativität und schöpferischen Tun benutzen können ! Wir müssen bald anfangen, ansonsten können uns Katastrophen drohen, die wir mit dem Auswendiglernen von Zahlen und Fakten nicht mehr beseitigen können !

Der Aufmerksamkeitsverlust- Wie wir dazu dressiert werden nicht aufzupassen !

Wie oft mussten meine Mitschüler und ich und die Sätze :„Wenn du mal richtig aufgepasst hättest wüsstest du die Antwort jetzt", und :„Pass doch mal auf", anhören. Ständig wird uns vor Augen geführt wie unachtsam und unkonzentriert wir doch sein und, dass wir so niemals etwas lernen werden. Doch woran liegt das ? Ist die ganze Schuld bei uns Schülern ? Will man uns weiß machen, dass wir unachtsam geboren wurden ? Ist es vielleicht nicht genau das Gegenteil und man hat uns beigebracht unachtsam und unkonzentriert zu sein ? Wo liegt hier die wahre Ursache und was versucht man uns nur für die Wahrheit zu verkaufen, was nichts anderes ist als eine Scheinwelt ? Wenn man uns unsere Gesellschaft anguckt merkt man schnell wie viele Ablenkungen auf einen lauern. Ich kann nicht beruhigt ist die kölner Innenstadt fahren, ohne von zisch tausend Reizen überflutet zu werden, man sieht überall Werbung, Geschäfte, Angebote, Flyer, Restaurants, Kiosks u.s.w., überall will jemand etwas von einem, und zwar Profit für sich selber

! Wir können heutzutage nicht mal mit gute Gewissen in den Supermarkt gehen, da wir mittlerweile wissen, dass die Gänge und Plätze der Ware gekonnt manipuliert wurden, um uns Kunden für noch mehr Konsum anzuregen. Wir werden sozusagen zu Sklaven erzogen, die nur lernen mit bestimmten Reaktion auf Reize zu reagieren. Wie sieht es aber mit der Schule aus ? Sind wir Schüler auf dieser Reizüberflutung ausgesetzt ? Ich würde als Schülerin behaupten, aufjedenfall ! Allein die 45 Min. Takte brechen immer wieder unsere Arbeit ab und rauben uns Konzentration und Aufmerksamkeit. Warum darf jemand, der ganz oben in der Hierarchie entscheiden, wann ich etwas zu beenden habe, obwohl ich möglicherweise noch daran arbeiten möchte ? Wer nimmt sich da mal wieder das Recht raus unsere Autonomie zu übernehmen ? Wenn ich an etwas Freude und Spaß habe möchte ich selbst entscheiden wann ich das schöpferischen Tun beenden will, denn diesen Zustand bezeichnet man auch als den „Flow", wo auf einmal Zeit irrelevant wird und man sozusagen Freude am Prozess hat, warum soll dann Zeit in so einem Zustand, wo er so irrelevant ist, in mein Tun eingreifen ? Neben dem 45 Min. Takt gibt es auch ständige Unterbrechungen von dem Lehrer, er will zwischendurch was ankündigen, bemerken oder etwas hinzufügen, und unterbricht diesen Flow. Wieder einmal werden wir aus dem Geschehen gerissen, etwas mit Freude und Lust tun zu können, und uns wird gezeigt, dass wir keine Konzentration aufbringen können. Kann es auch einfach daran liegen, dass keine Konzentration und Aufmerksamkeit gewollt ist in diesem System, die Freude und Lust bescheren ? Kann es sein, dass wir absichtlich dazu dressiert werden ? Will man uns da mal wieder eine Scheinwelt vorhalten ? Der Erziehungswissenschaftler Malte Brinkmann (49) gab auch an, dass Schüler so unaufmerksam lernen ! Für ihn gehören Fragen von Schülerseite aus , wie auch Ruhe, Zeit und Muße zu den wichtigsten Eigenschaften für einen guten Unterricht. Wie will man, aber das alles reinbringen in ein System, was nur auf vorgefertigten Antworten und Beschleunigung aus ist ? Wie sollen wir Schüler Zeit, Ruhe und Muße aufbringen, wenn wir die ganze Zeit gehetzt werden und uns immer wieder auf Prüfungen und Abfragen vorbereiten sollen ? Wie sollen wir mit Muße lernen, wenn wir uns in der Schule sozusagen mit Stress infizieren ? Ruhe, Zeit und Muße sind dennoch auch aus meiner eigenen persönlichen Erfahrungen die besten Mittel, um konzentriert und aufmerksam zu arbeiten, wenn meine Aufmerksamkeit nicht ständig auf andere Dinge zerstreut wird, kann ich mich erst auf eine Sache für längere Zeit konzentrieren und wahrhaftig produktiv arbeiten. Länder wie Finnland zeigen uns wie mehr Zeit in Gemeinschaft und ohne Konkurrenzkampf mehr hergeben kann, nach Studien braucht nämlich jedes fünfte Kind in Deutschland Nachhilfe und jedes fünfzigste in Finnland ! Wie viele zerstreute und unaufmerksame Kinder brauchen wir noch, bis wir verstehen, dass Beschleunigung nicht Zeitgewinn bringt, sondern nur permanente Zeitnot ? Warum quälen wir die Kinder weiterhin mit Druck und Stress, obwohl wir mittlerweile psychologische und pädagogische Kenntnisse darüber haben, dass diese Faktoren genau das Gegenteil vom gewünschtem Ziel erzeugen ? Warum glauben wir, dass Menschen wie Andre Stern weiterhin eine Ausnahme in unserer Gesellschaft ist ? Muss sie das bleiben, oder halten wir mal wieder an alten Glaubenssätzen fest und kreieren somit unsere eigene Realität ? Der bekannte Autor,Gitarrist und Gitarrenbauer Andre Stern hat uns gezeigt wie gut ein leben ohne Druck und eine in unserer Gesellschaft übliche Berufslaufbahn sein kann ! Ich bekomme solche fest geankerten Glaubenssätze oft in meiner eigenen Erfahrung zu spüren, wenn mich Leute fragen welche Beruf ich denn in in zwei Jahren ausüben will oder auf welche Fachhochschule ich gehen will, wenn ich doch mit der Schule aufhöre, frage ich mich immer innerlich wie kann ich diesen Leuten vermitteln, dass ich gar nicht in dieses übliche Berufsleben einsteigen will, sondern meine Begeisterung behalten ? Wie will man so etwas einer Gesellschaft beibringen, die sich davon nährt immer von Termin zu Termin zu hetzten ? Als man Andre Stern befragte wie er es denn geschafft hat in die Berufswelt einzusteigen, wenn er doch keine normale von der Gesellschaft anerkannte Berufslaufbahn absolviert hat, und er antworte sehr authentisch und für mich persönlich am besten, er sagt nämlich :„ Ganz einfach, ich bin gar nicht eingestiegen". Man sieht also, dass uns nur mal wieder von der Gesellschaft und vom Staat vorgelebt wird was wir zu tun haben, und das macht uns wieder zu Sklaven von ihnen. Wenn wir Kinder den Freiraum und die Zeit dazu geben zu spielen und die Welt für sich zu entdecken, schaffen sie all das was man verscht durch Zwang und Sanktionen zu erzeugen, denn wenn sie sich zu etwas begeistern können, wird ihre Aufmerksamkeitsspanne größer, und sie können diese Sachen oder Zusammenhänge lernen und auch behalten, denn wer keine emotionale Verbindung zu etwas herstellen kann, kann diese Sache auch nicht längerfristig behalten und verinnerlichen. In der Schule wird uns aber genau das beigebracht, und zwar sich nicht zu Begeistern und nur Sachen auswendig zu lernen, somit wird nicht nur unsere Begeisterung getötet, sondern wir lernen nur Dinge auswendig, anstatt sie zu lernen ! Es besteht nämlich ein immenser Unterschied zwischen dem Lernen und dem Auswendiglernen, wenn ich nämlich mich für etwas begeistern kann und meine volle Aufmerksamkeit für diese Sache aufwenden kann, lerne und verinnerliche ich diese Sache auch, aber wenn ich nur ständig lerne auswendig zu lernen bekomme ich kein Bezug zu dieser Sache und entfremde mich selbst vom Lernen und erkenne es als etwas an, was ich irgendwie in meine Schädel bekommen muss, um es dann nachher wieder zu vergessen. Wenn wir in den Regelschulen so weiter machen, machen wir das kaputt was nach Andre Stern die beste Ausstattung der Kinder ist, und zwar die Gabe sich zu begeistern ! Kinder begeistern sich nämlich ständig und überall und kennen so etwas wie Hass, Vorurteile und Bewertungen noch gar nicht, man kann sagen, dass sie so etwas wie Philosophen sind, die versuchen die Welt immer wieder aufs neue mit neuen und wachen Augen zu sehen,aber wir können schon an der Philosophiegeschichte sehen, dass diese Menschen von der Gesellschaft aberkannt wurden, weil sie den Menschen das zeigten was keiner wirklich sehen wollte wie z.B der

Philosoph Sokrates, der in der Antike immer wieder die Menschen mit Fragen provozierte und der letztlich trotz seiner wunderbaren Weisheiten von den Athenern hingerichtet wurde. Diese Hinrichtung findet immer noch statt, und zwar die Hinrichtung der Begeisterung, die tagtäglich Stück für Stück gefoltert und letztlich getötet wird. Wollen sie so etwas als Mutter miterleben ? Können sie so etwas überhaupt miterleben und letztlich so etwas verantworten ? Können sie verantworten, dass diese kaputte Welt noch mehr zerstört wird ? Bitte lassen sie so etwas nicht zu, lassen sie nicht zu, dass ihre Kinder verkümmern, nur weil sie es nicht besser hatten heißt dies nicht, dass es ihre Kinder nicht besser haben können. Vielleicht hilft es ihnen erst mal vor Augen zu führen wie die Aufmerksamkeit ihrer Kinder in der Schule durch Unterbrechungen zerstreut wird, um ihre politische Kraft zu nutzen und sich stark zu machen. Der Psychoanalytiker Kurt Singer hat auch in seinem Buch „Die Schulkatastrophe" mehrmals dazu aufgerufen, dass Eltern ihre politische Macht nutzen, um sich stark zu machen, denn für ihn würden diese ganzen Versuche mit den Reformpädagogischen Schulen nichts bringen, wenn es keine Masse der Gegenbewegung gibt, die Politiker berührt und sie aufmerksam macht. Solange wir Schüler durch ständige

Unterbrechung gestört werden, werden wir nie lernen mit voller Hingabe und Konzentration uns zu etwas zu widmen wie z.B das Schreiben bei mir, da sagt mir keiner wann ich aufhören soll oder, dass die 45min. jetzt zu Ende sind, und wir jetzt mit Biologie beginnen sollen. Ich denke es liegt in der Natur des Menschen und ich habe es mit meiner eigenen Erfahrung erlebt, dass man erst richtig etwas erschaffen kann, wenn man sich so lange man will zu etwas hingibt und es mit Muße und Zeit bildet, denn nichts anders ist Bildung !

-Neo :„Warum tun meine Augen so weh?"

-Morpheus:„ Weil du sie noch sie benutzt hast Neo."

-Die Matrix

Gunnar Kaiser- Er ist kein Lehrer, er ist ein Revolutionär

Ehrlich gesagt war er mir am Anfang gar nicht sympathisch, ich verstand nicht was er da macht, warum er es macht oder besser gesagt ich habe ihn gar nicht verstanden. Warum sollten wir jede Stunde in der Schule über Schule reden ? Warum gab er uns die Aufgabe eine eigene Schule zu erfinden ? Warum haben wir uns ein Film über Schule angesehen ? Ehrlich gesagt lag es, wenn ich heute auf mich zurück reflektiere, an meiner inneren Einstellung, dass ich diesen Mann nicht verstanden habe, ich hatte die Einstellung wie alle anderen Schüler, ich wollte gute Noten, die Lehrer interessierten mich nicht wirklich und ich nutzte die Bildung aus wie alle anderen auch zum Mittel zum Zweck, der im Endeffekt Geld heißt ! Schon seltsam, wenn man darüber nachdenkt was für eine Einstellung man noch vor einem Jahr mit sich trug und was für eine man heute hat. Was mich dazu getrieben hat, dass ich verstanden habe was er da tut und warum er das tut ? Ehrlich gesagt war die Situationen ziemlich banal, ich saß vor meinem

Rechner und war im Internet unterwegs, und dachte mir aus dem nichts einfach mal den Namen Gunnar Kaiser zu googlen und fand eine Menge. Zuerst entdeckte ich seinen Facebook-Account, danach seine zwei Bloggs und am Ende auch ein paar Videos von ihm. Aus Neugier begann ich mir die Einträge durchzulesen und ein paar Videos anzuschauen und dann habe ich es endlich verstanden ! Ich habe verstanden, warum wir die ganze Zeit über Schule geredet haben, ich habe verstanden warum er versucht hat mit uns auf einer Ebene zu kommunizieren, ich habe verstanden warum er uns in heterogene Gruppen eingeteilt hat und Frontalunterricht so oft wie es ging vermieden hat, ich hatte seine Intention endlich verstanden und zum ersten Mal in meinem Leben gab der Unterricht einen Sinn. Ich hatte eine ganz andere Einstellung zum Unterricht, ich hatte das Gefühl die Antwort auf die Frage des Warum gefunden zu haben und dann begann ich im nächsten Jahr von einem neu zugeteilten Philosophiekurs in seinen Kurs zu wechseln und es gelang mir am Ende mit einer fälschlichen Begründung. Diese Stunden war neben dem Sportunterricht ehrlich gesagt die einzigen Stunden auf die ich mich freute, ich freute mich auf die Diskussion, die verschieden Meinungen und Ansichten, den intellektuellen Austausch und einfach etwas sinnvolles zu tun !

Ich hatte zum ersten Mal in meinem Leben das Gefühl etwas sinnvolles im Unterricht zu tun und das ist keine Untertreibung. Ich war und bin bis heute begeistert davon wie kritisch ein Lehrer über die Schule und das damit verbundene Schülerwohlsein denken und öffentlich schreiben kann, ehrlich gesagt war er eine Inspiration, jemand der seine Persönlichkeit nicht so einfach vor einer sozialen Maske verdeckt. Er setzte sich durch mit seinem individuellen Unterricht auch wenn er dafür von unserem bürokratischen Schulleiter ermahnt wurde. Wir brauchen mehr von diesen Menschen und ich glaube es gibt ganz viele von ihnen, wenn sie sich trauen ihre soziale Maske abzulegen ! Er war für mich jemand bei dem ich nicht für die nächste Klausur lernte, komischerweise musste ich für seine Klausuren nie etwas auswendig lernen, da schon gelernt habe, sondern etwas für mein Leben mitnahm. Er zeigt mir Wege meine vollen Möglichkeiten Potenziale nutzen zu können und das hatte die Folge, dass ich begann mich mit Themen, auch über die Schule, kritisch auseinanderzusetzen und dann zu schreiben, und zwar auf einen Blog und dann schließlich ein Buch, obwohl ich vor einem Jahr bestimmt noch zisch tausend Argumente gefunden hätte warum das nicht möglich ist. Ich hatte auch schon vor einem Jahr das

Gefühl, dass etwas nicht mit dieser Welt stimmt, jedoch war ich abhängig, abhängig von Materiellen, abhängig von Personen, abhängig von Meinung oder besser ausgedrückt mein Ego hatte mich im Griff ! Es kontrollierte mich nach den Normen und Werten der Gesellschaft und nach meiner Erziehung, ich war ehrlich gesagt nichts mehr als ein stummer Mitläufer, der Angst hatte, Angst vor Lehrern, Angst vor Sanktionen, Angst vor der Meinung meiner Familie, Angst vor der Meinung meiner Freunde, Angst vor Klausuren, Angst vor Noten, Angst vor all dem was die Gesellschaft mir vorgelebt hat, ich war gefangen in diesem Gefängnis und ich kann heute von mir sagen, dass ich lieber alles andere tun würde, als noch einmal in dieses Gefängnis reinzugehen und mich freiwillig als unschuldige einsperren zu lassen. Es ist keine Untertreibung, dass ich hier als Gefangene beschreibe, denn ich hab mich sehr wohl so gefühlt, ich hatte das Gefühl der Ohnmächtig gegenüber den Dogmen, die mir von der Obrigkeit aufgesetzt wurden. Ich glaube kein Erwachsener wurde so etwas mit sich am Arbeitsplatz machen lassen, also warum sollen wir das als Schüler ? Gunnar Kaiser zeigte mir, dass man sehr wohl Widerstand zeigen und, dass man sich für seine Existenz nicht rechtfertigen muss, ich begann also das in den Klausuren zu schreiben was mir in den Kopf kam und nicht was ich im Unterricht auswendig gelernt habe und ich habe die Konsequenzen direkt bei meinem Deutschlehrer gespürt, er steckte meine Beiträge ab sofort in die Schublade „Philosophie" was natürlich in seinem Weltbild nicht in den Deutschunterricht passte. Ich begann nicht mehr zu fragen,ob ich zur Toilette gehen kann, sondern ging einfach und Stück für Stück wurde es mir immer unwichtiger was die Lehrer von mir dachten und das merkten sie auch und ich hatte das Gefühl zum ersten mal in meinem Leben wieder über mich selbst bestimmen zu können.

Was ist Stress?

Wir alle kennen diese Alltagssituation, es steht

irgendein wichtiger Termin an oder man weiß, dass man den ganzen Tag sehr viel zu tun hat, und ohne sich darüber bewusst zu werden verfällt man in Stress. Wir spüren diesen Stress sowohl psychisch als auch körperlich, wir fühlen uns erschöpft, müde, kraftlos, ohne Energie, gereizt, genervt, aggressiv und vielleicht auch wütend über unser eigenes Verhalten. Die meisten Menschen neigen dann dazu die Schuld ihrer Umwelt zuzuweisen und in eine Opferrolle zu verfallen oder sich selber ständig negativ zu kritisieren, anstatt sich Gedanken über eine Lösung zu machen und versuchen zu agieren, anstatt nur auf die Umwelt zu reagieren. Wir sollten uns vor Augen führen, dass wir in einer Welt leben in der das Individuum ständigen Reizen unterworfen ist und auf diese auch meistens reagiert. Die Lösung sollte nun nicht darin liegen alle Reize zu ignorieren oder versuchen zu vernichten, sondern einen besseren Weg zu finden mit diesen Reizen umzugehen oder wie es einmal Stephen.R.Covey gesagt hat:„Die Art das Problem zu sehen ist das Problem" (Covey.Stephen: 7 Wege der Effektivität). Es liegt also nicht am Problem selbst, sondern an unserer Sichtweise, denn wir reagieren meistens aus sozialisierten Mustern und kreieren uns selbst unser eigenes Leid. Wir denken dann meistens, gerade wenn wir in die Opferrolle gefallen sind, dass die Situation nun mal so ist und sich auch nicht ändern lässt, nicht selten fallen dann Sätze wie :„Es ist nun mal so", oder :„Ich bin nun mal so daran kann ich halt nichts ändern". Dies ist jedoch nur eine Fiktion unseres Geistes, der unsere Realität bildet und wir sind nicht mehr die schutzlosen Opfer unser selbst, die ihr Leben dem Schicksal übergeben müssen ! Wir können unsere Selbstwahrnehmung dazu nutzen, um unser Verhalten immer wieder selbst zu reflektieren, um dann mit einem freien Willen entscheiden zu können, ob wir diese Handlung überhaupt ausführen möchten. Bevor wir diesen Schritt machen, sollten wir uns jedoch angucken wie so ein Reiz-Reaktions Modell aussieht und wie es im Normalfall abläuft.

Man kann im Alltag beobachten, dass man sowohl Reize aus der Umwelt als auch aus dem Körper wahrnehmen kann. Die Sinnesorgane spielen bei diesem Prozess als Erstes mit, wir nehmen unsere Umwelt durch das Sehen,Riechen, Hören, Fühlen und Schmecken wahr. Wenn wir einen bestimmten Reiz aus der Umwelt wahrgenommen haben folgt diese Wahrnehmung zu den Nervenzellen, wo ein bestimmter Reiz durch elektrische Impulse gemeldet wird. Jetzt muss unser Gehirn entscheiden was es tun soll, dafür greift unser konditioniertes Gehirn oft aus bisherige

Erfahrungen zurück, um sich Arbeit zu ersparen. Dies kann auf den ersten Blick logisch klingeln, jedoch kann es im weiteren Verlauf auch erhebliche Mängeln aufzeigen. Wenn sich unser Gehirn entschieden hat, folgen unsere Gefühle dort werden nämlich Empfindungen wahrgenommen. Wir stufen damit die Situation und den Reiz als angenehm oder weniger angenehm ein und bewerten ihn danach. Die Bewertung folgt danach und mit dieser Bewertung teilen wir den Reiz meistens uns damit auch die Welt in gut oder böse ein, denn die Welt an sich ist nicht gut oder böse, sondern sie ist es nur in sofern als das, das Individuum eine bestimmte Bewertung in die Beziehung zwischen dem Subjekt (Individuum) und Objekt (Situation) stellt . Als letztes, wenn alle Prozesse durchlaufen sind, folgt die Reaktion. Man könnte nun meinen, dass alles gut gelaufen ist immerhin haben wir ja rational die beste Reaktion aus bisherigen Erfahrungen ausgesucht, jedoch trügt diese Erscheinung ! Dieses Modell veranschaulicht nur wie automatisierend unsere Prozesse ablaufen und wie wenig Macht wir über sie haben, denn wenn wir eigenständig handeln würden könnten uns auch Reaktionen in den Sinn kommen, die man nicht aus bisheriger Erfahrung abwägt. Doch wie werden diese Prozesse automatisiert? Durch unsere Sozialisation ! Wir kriegen von

Kindesbeinen an bestimmte Verhaltensmuster beigebracht und führen manche weniger und manche häufiger aus, je nachdem wie abwertend oder aufwertend sie von unserem sozialen Umfeld wahrgenommen wird. Das kleine neugierige Kind kriegt irgendwann durch sein Umfeld z.B den Eltern beigebracht, dass es nicht überall schreien kann, da es in der momentanen Gesellschaft ungern gesehen wird, obwohl es möglicherweise der freie Wille des Kindes ist zu schreien. Nun wie können uns solche Muster Probleme bereiten und was hat das ganze mit Stress zu tun ? Laut Wikipedia versteht man unter Stress ie Beanspruchung (Auswirkung der Belastungen) des Menschen durch innere und äußere Reize oder Belastungen (objektive, auf den Menschen einwirkende Faktoren sowie deren Größen und Zeiträume). Diese können sowohl künstlich wie auch natürlich, sowohl biotisch als auch abiotisch sein, sowohl auf den Körper wie auch die Psyche des Menschen einwirken und letztlich als positiv oder negativ empfunden werden oder sich auswirken. Die Bewältigung der Beanspruchung ist von den persönlichen (auch gesundheitlichen) Eigenschaften und kognitiven Fähigkeiten der individuellen Person abhängig, der Umgang mit einer Bedrohung wird auch *Coping* genannt. Einsetzbare Verhaltensweisen sind z. B. Aggression, Flucht,

Verhaltensalternativen, Akzeptanz, Änderung der Bedingung oder Verleugnung der Situation. Doch was hat diese Definition mit unserem Reiz-Reaktions-Modell zu tun ? Wir sollten uns vor Augen führen, dass wir diese genannten einsetzbaren Verhaltenseisen durch automatisierte Programme ablaufen, die in diesem Modell beschrieben und behandelt werden,denn durch automatisierten und sozialisierten Prozesse gewöhnen wir uns immer mehr ab eigenständig und kreativ zu denken, da uns die Entscheidungen meistens sowieso von unserem sozialen Umfeld abgenommen werden und es ist doch viel leichter das zu machen was alle machen, anstatt Eigenverantwortung zu übernehmen oder ? Doch was passiert, wenn sich die Situation auf einmal ändert und die bestimmte Reaktion nicht das gewünschte Ergebnis hervorruft wie es der Rationalist kalkuliert hat ? Können uns da noch diese vorgefertigten Muster helfen ? Ich denke nicht! In so einer Situation bedarf es an Individualität,Kreativität und vor allem eine schöpferischen eigenständigen Geist ! Wie soll das aber ein Mensch schaffen, der sein Leben nach diesen vorgefertigten Mustern ausgerichtet hat ? Es wird sicherlich schwer sein und es kann kann auch sein, dass diese unerwarteten Ergebnisse Stress bei ihm auslösen, da er Ohnmächtig ist und nicht weiß was er tun soll. In der Schule passiert nichts anderes. Die Schüler eignen sich schnell an Reaktionen nach bestimmten vorgegeben Mustern zu erfüllen, indem sie z.B genau den Erwartungshorizont des Lehrers widerspiegeln und ihr eigenständiges Denken total ausschalten. Sie lernen wie Maschinen zu funktionieren,aber nicht wie Menschen zu denken ! Sie lernen sich anzupassen und die Dinge so hinzunehmen wie sie sind, denn sie haben ja mitbekommen, dass es sonst Sanktionen gibt und diese wollen sie um jeden Preis vermeiden. Sie verlernen sich selber zu reflektieren und nehmen nur das als richtig hin was ihnen auch als richtig gezeigt wird. Nun soll uns so ein Schulalltag auf das spätere Leben vorbereiten ? Soll uns so ein Schulalltag zu mündigen Bürgern machen, die kritisch und eigenständig entscheiden sollen ? Ich denke nicht ! Unsere heutige Welt ist so hektisch und erfindet sich ständig neu, sodass es für sich selber und auch andere schädlich wäre an festgebundenen Mustern festzuhalten, jedoch kriegen wir genau diese Verhaltensweise in der Schule beigebracht. Wenn wir nicht bald beigebracht bekommen uns selber zu reflektieren, uns selber wahrzunehmen und versuchen zwischen dem Reiz und der Reaktion innezuhalten, um eine bewusste Entscheidung zu treffen, kann es sein, dass sich Stress wie die

Krankheit Depression zu einer Volkskrankheit entwickelt, wenn sie es schon nicht ist, und für mehr starke Beeinträchtigung sorgt als der Alkoholmissbrauch. Ich frage die Bildungspolitiker wollt ihr das ? Ich frage die Eltern könnt ihr so etwas euren für eure Kinder verantworten ? Ich frage die Lehrer warum macht ihr das ? Und schlussendlich uns Schüler warum macht ihr das noch mit ? Ausgebrannt zu sein heißt nicht erfolgreich gewesen zu sein, sondern dass euch der Erfolg aufgefressen hat ! Wenn wir bald nicht anfangen umzudenken werden Folgen eintreten für die sich kein Geld der Welt jemals lohnen wird und auch kein Erfolg oder Geld der Welt kann diese seelische Katastrophe wieder gerade richten und es liegt in unserer Verantwortung und am meisten in den Händen der Politiker, die genau wissen was sie mit ihrem überheblichen ökonomischen Gedanken anrichten, die Katastrophe zu stoppen ! Doch warum erzähle ich überhaupt von diesem Reiz-Reaktions-Modell ? Er soll als Grundlage zum Verständnis von Stress dienen. Doch wenn wir erfahren wollen warum es überhaupt Stress gibt, sollten wir uns vor Augen führen, dass wir von unserem biologischen Aufbau genau so funktionieren wie zu Steinzeiten. Die äußeren Bedingungen haben sich vielleicht mit der Zeit verändert, jedoch funktioniert und reagiert unser Körper noch wie damals. Wie funktionieren also noch wie unsere Sammler und Jäger vor ca. 400.000 Jahren, der um sein nacktes Überleben kämpfte. Ich brauche hier keine Studie niederzulegen, um zu beweisen, dass dieser Überlebenskämpfer keine Bedenkzeit hatte,um innezuhalten und seinen Reiz und seinen Gedankengang zu reflektieren, während er von einem Mammut verfolgt wird. Er musste handeln ! Dies führte dazu, dass Stresshormone in seinen Körper ausgeschüttet wurden und er Reserven aktivieren konnte, die er im Normalfall nie benutzen könnte. Er bereitete hiermit seinen Körper aus Angriff, Flucht oder Verteidigung vor. Wir sehen also, dass Stress nicht etwas ist was sich mit dem technologischen Fortschritt entwickelt hat, sondern tief verwurzelt in unseren Genen liegt und weitervererbt wurde, ich meine woher sollte der Steinzeitmensch wissen, dass wir mal in so einer Gesellschaft leben werden ? Doch warum tritt dieser Uhrreflex so oft bei uns so unbewusst auf ? Was sind die Mammuts des 21.Jahrhunderts ? Das Problem liegt daran, dass wir nicht gelernt haben triviale Situationen wie den verspäteten Bus von einer lebensbedrohlichen Situationen zu unterscheiden, denn in einer lebensbedrohlichen Situation wäre Stress aufjedenfall angemessen und auch nützlich, jedoch ist bei unseren Alltagsangelegenheiten eher lebensschädlich ! Die Mammuts des 21.Jahrhunderts mit denen wir uns tagtäglich herumschlagen lauten meistens Zeitdruck,Erfolg,Beruf,Familie,Erwartungen, und Zukunftsängste.

Diese trivialen Angelegenheiten führen durch soziale Konditionierung dazu, dass wir uns in unserem Geist eine bedrohliche Situation vorstellen und unser Körper reagiert entsprechen darauf. Hier sind nur einige von bestimmt noch vielen folgenden Gründen oder „Mammuts des 21.Jahrhunderts" angeordnet, um ihnen einen Überblick zu beschaffen:

- chronische Konflikte in der Paarbeziehung
- Zeitmangel, Termindruck
- Lärm
- Geldmangel, Armut, Schulden, Überschuldung
- fehlende Gestaltungsmöglichkeiten, mangelndes Interesse am Beruf und in der Freizeit
- große Verantwortung
- Mobbing am Arbeitsplatz, Mobbing in der Schule
- Schichtarbeit (bewirkt eine Störung des

Schlaf-Wach-Rhythmus und
gesundheitliche Probleme)
- Ständige Konzentration auf die Arbeit (zum
  Beispiel bei Fließbandarbeit)
- Angst, nicht zu genügen (Versagensangst)
- Perfektionismus (überhöhte Ansprüche an
  sich selbst und an andere)
- Soziale Isolation, Verachtung und
  Vernachlässigung
- Schlafentzug
- Reizüberflutung
- Krankheiten und Schmerzen, eigene und
  die von Angehörigen
- Seelische Probleme, unterschwellige
  Konflikte
- Schwerwiegende Ereignisse (beispielsweise
  ein Wohnungseinbruch, eine Operation,
  eine Prüfung)
- auch (unausgleichbare) Unterforderung,
  Langeweile und Lethargie
- Überforderung durch neue technische
  Entwicklungen (Technikstress,
  Technostress)
- Stress durch die Bedrohung des Selbst
  (eigenes Scheitern oder die
  Respektlosigkeit anderer)

Es kann gut möglich sein,dass wenn wir so

weitermachen in unserer Gesellschaft wie bisher, die Mammuts des 21.Jahrhunderts sich vermehren. Es gilt daher diese Mammuts zu eliminieren ! Wir sollten dies insbesondere für unsere Kinder tun, da ihr Leben, wenn es größtenteils nur mit Stress besteht, auf daher ziemlich unglücklich machen wird. Solange wir sie mit Fächern im 45 Minuten-Trakt und total aus dem Kontext gezogen, überfluten kann es leicht passieren, dass bei den Schülern eine Reizüberflutung stattfindet und die Schüler dann nur noch mit Stress reagieren. Kann die Schule so etwas verantworten ? Können das Eltern verantworten ? Wir sollten uns vor Augen führen, dass sich Wohlstand nicht nur in Geld messen lässt und, dass wir vor einer neuen Generation stehen einer Generation, die erfinderisch, kreativ, idealistisch, und individuell ist, und solange wir sie mit belanglosen Informationen überfluten sorgen wir nur für mehr Schaden als Nutzen. Jedoch sollte dies nicht das Ziel der Bildung sein ! Ich frage sie und alle anderen, die noch an unserem bestehenden Bildungssystem festhalten, wie viele Born-Out erkannte Kinder wollt ihr noch sehen ? Wie viele Gänge zum Schulpsychologen sollen die Kinder noch gehen, da sie zu „Verhaltensauffällig" sind, damit sie am Ende mit Psychopharmaka vollgestopft werden und ihr kreatives Denken total ausgeschaltet wird ?

Wie lange wollt ihr die Kinder noch auf Leistung und Zahlen konditionieren ? Bei wie viele funkelnde Kinderaugen wollt ihr noch zum weinen bringen, die eigentlich nichts mehr wollen als die Welt mit Neugier zu erkunden ? Warum traut ihr den Kindern nicht zu, dass sie eigenständig lernen und sich bilden können und tut so als ob Bildung etwas künstliches wäre, das man den Kindern rein impfen muss ? Auch bevor es diese Institution „Schule" gab haben Menschen gelernt, Erfahrung gesammelt und ihren Horizont erweitert. Man könnte fast behaupten, dass die primitiven Menschen von damals mehr gelernt und erfahren haben, als der zivilisierte Mensch von heute, Möglicherweise hatten diese primitiven Menschen kein Radio und lebten auch möglicherweise auf einer einsamen Inseln, jedoch hatten sie weitaus mehr Kreativität und Erfahrung, als der zivilisierte Mensch der jeden Abend von der gehassten Arbeit zurückkommt und sich vor den Fernsehen zu schmeißen und sich irgendeine belanglose Serie oder irgendwelche Nachrichten anzugucken, um sich dann selber einreden zu können, dass er am Leben teilgenommen hat. Der primitive Mensch hatte diese „Privilegien" leider nicht, oder sagen wie lieber zum Glück nicht ! Er musste seine Umgebung mit seinen Sinnen ganz eigenständig erkunden, wahrnehmen und interpretieren. Er hatte keine „Brigitte", die ihm erzählte wie man in 4 Wochen 20kg abnehmen kann oder sein Leben organisieren kann, er war ganz auf sich gestellt und hat sich dies auch zum Nutzen gemacht. Wir brauchen jetzt nicht alle unseren Fernsehen aus dem Haus zu schmeißen, obwohl ich das jedem empfehlen würde der nicht von Gehirnwäsche betroffen sein will, um uns eigenständig weiterzubilden. Wir können jedoch aus unserer Vergangenheit lernen ! Wir können mitnehmen, dass Menschen sehr wohl in der Lage waren sich in ihrem Leben zurecht zu finden und sich stets weiterzubilden, da sie von keiner Institution abhängig waren, und somit komplett auf sich allein gestellt waren. Wir können also verstehen, dass wir uns von diesem Gedanken trennen können, dass wir erst eine Schule dann eine Uni und später irgendeine andere Einrichtung brauchen, um unserer Leben zu leben. Doch warum fällt uns dieser Gedanke so schwer ? Warum halten wir so gerne an den gewohnten Mustern fest ? Warum fällt es uns so schwer eigenständig Verantwortung zu übernehmen ? Warum sind wir ständig aus andere Menschen oder Einrichtung angewiesen ?Die Antwort ist ganz einfach, und zwar weil wir es noch nie anders beigebracht bekommen haben! Wer hat uns schon in der Schule beigebracht selber zu Denken oder gar kreativ zu Denken ? Faust vielleicht? Sicherlich nicht ! Haben uns die ständige Überwachung und Überprüfung durch Klausuren und Zensuren dazu gebracht uns zu mündigen Bürgern zu machen ? Die Praxis zeigt eher das Gegenteil ! Die Schüler werden abhängig und zu bürokratischen Bürgern gemacht, die nur gelernt haben Aufträge von Autoritäten auszuführen, und zwar exakt so wie es ihnen vorgemacht wurde. Kinder und Jugendliche sind meistens noch mehr dafür anfällig Dinge nachzuahmen, die ihnen als gut präsentiert werden und vorgelebt werden. Doch warum sollte das für und wichtig sein ? Die Zahl der psychosomatischen Erkrankungen steigt von Jahr zu Jahr und immer mehr Menschen fangen an ihr Sein gegen das Haben einzutauschen. Welche Auswirkungen dann das alles haben kann spiegelt sich in unserem Körper wieder in Form von Erkältungen,Kopfschmerzen und bis hin zum Krebs.Die Menschen fangen dann meistens erst dann an zu handeln, obwohl man schon viel früher ansetzten könnte, und zwar bei der Psyche. Diese Erkenntnis wurde jedoch bis heute in der Gesellschaft tot geschwiegen und gilt auch heute noch teilweise als Tabu-Thema. Man hat den Kindern beigebracht seine Gefühle und Emotionen zu unterdrücken und sich zu „benehmen". Männer weinen nun mal nicht dieses Bild trägt die Gesellschaft vor ihrem inneren Auge und die Werbeindustrie verstärkt dieses Gefühl natürlich noch einmal, um möglichst viel Kapital rauszuschlagen. Gefühle ständig zu unterdrücken und sie nicht wahrzunehmen kann jedoch viel schädlicher sein, als die meisten Menschen glauben zu wissen. Unsere Psyche fühlt sich dann meistens nicht anerkannt und ignoriert und versucht dann einen Ausdruck mit unserem Körper zu setzten, um dem Besitzer deutlich zu machen, dass gerade etwas nicht stimmt. Wir suchen jedoch durch Gewohnheit erst mal jede Ursache aus physischer Ebene, anstatt auf psychischer, da es in unserer westlichen Gesellschaft nun mal so kultiviert wurde. Fern östliche Länder haben jedoch schon vor ca.2500 Jahren die Wechselwirkung zwischen Psyche und Körper anerkannt und führen auf regelmäßig Achtsamkeitsübungen aus, um ihre Psyche zu stärken. Es ist schon zweifelhaft wie weiterentwickelt diese zivilisierte westliche Gesellschaft ist, da sie es anscheinend trotz modernster Technik, es nicht schafft das Menschsein zu akzeptieren. Die anscheinend für uns noch nicht so zivilisierten Buddhistische Psychologie vor ca. 2500 Jahren scheinen, jedoch viel entwickelter zu sein, da sie es geschafft haben oder es zu mindestens anerkennen, dass gewisses menschliches

Handeln auch zum menschlichen Leid führen kann und auch zum körperlichen Leiden. Doch warum sind wir so zivilisierte westliche Gesellschaft so unfähig diese einfachen Grundsätze des Lebens anzunehmen und auch umzusetzen ?Woran liegt es, dass schon altbekannte Methoden wie Meditation von den meisten Menschen mit den Worten:„Das bringt doch eh nichts", belächelt werden ? Warum bringen wir unseren Kindern bei mit den Gedanken bei den Klausuren,Tests,Noten,Terminen und vielen anderen Dingen zu sein, aber niemals im Moment ? Warum bringen wir den Kindern Gedichtsanalysen bei, aber niemals eine Selbstanalyse ? Warum muss alles immer bewertet werden und warum kann man nicht einmal die Sache so annehmen wie sie ist ? Warum werden wir in der Schule mit so vielen belanglosen Informationen vollgestopft, aber bekommen niemals etwas über unser eigenes Wohlsein und unsere Psyche beigebracht? So etwas tauschen wir dann gegen Faust und die P-q Formel aus ? Und wieder einmal ist die Unwissenheit die Antwort ! Die Form unseres heutigen Schulsystems ist noch stark von dem preußischen System abhängig und wie das nun mal ist behält der Mensch das an was ihm schon gewohnt ist, anstatt eigenständig Verantwortung zu übernehmen, da dies viel zu

Energie aufwenden würde und doch viel zu mühselig wäre. Wir brauchen uns aber dann auch nicht wundern, dass ehemalige Abiturienten ein paar Jahre nach dem Abitur nur noch 1-10 Prozent von dem wissen was sie in der Schule beigebracht bekommen haben. Es gibt genug Studien heutzutage und wir kennen es wahrscheinlich auch aus eigener Erfahrungen, dass meistens nur das hängen bleibt was uns interessiert und auch sinnvoll erscheint. Belanglose und aus dem Kontext gezogene Informationen werden meistens aus Mangel an intrinsischer Motivation einfach vergessen. So sollte Bildung jedoch nicht aufgebaut sein zu mindestens dann nicht, wenn man nicht noch mehr psychisch erkannte Kinder und Jugendliche haben will und auch dann nicht, wenn man mündige Bürger haben will und keine Bürokraten. Das heutige Schulsystem bildet nämlich keine mündigen Bürger aus so wie es gerne mein Deutschlehrer erzählt, sondern unaufmerksame und mundtot gemachte Fachidioten, die nur das von sich geben können was in ihren Büchern und Heften steht und nicht aus ihrem eigenen Geist entspringt. Das LBS-Kinderbarometer der Bausparkassen der Sparkassen hat in einer Studie von 11.000 Schüler und Schülerinnen zwischen 9 bis 14 Jahren Schule als Nr.1 Faktor von Stress herausgefiltert. Bei den Mängel der

Schule stand auf Platz 1 zu wenig Zeit zum Ausruhen. Dieses Argument kann ich als Schülerin komplett nachvollziehen, da ich trotz guter Zeitplanung merke, dass ich ohne die Schule viel produktiver sein würde und meine Tätigkeiten mit viel mehr Freude ausführen würde. Allein die Tatsache, dass jede Woche 6-7 Stunden nur für das Fertigmachen für eine so sinnlose Institution verloren gehen regt mich zum kritischen Nachdenken an. Auf Platz2 stand zu wenig Zeit, um Quatsch mit Freunden zu machen, was auch total nachvollziehbar ist, wenn man bedenkt, dass die Schüler durch ständige Normen und Werte dazu gedrängt werden sich 45 Minuten mit voller Begeisterung für jedes Fach zu interessieren. Allein die Tatsache, dass von uns Schülern verlangt wird sich mit voller Begeisterung jedem Fach zuzuwenden ist erstens paradox, und zweitens widerlegt dieser Gedanke jede Behauptung man würde mit diesem Schulsystem das individuelle Lernen der Kinder fördern, denn wie soll etwas individuell sein, wenn alles mit Gleichschritt gemacht wird ? Auf Platz drei stand der Mangel an Zeit für das Spielen, obwohl spielen gerade in so einem jungen Alter notwendig und persönlichkeitsfördernd ist. Das Spielen gibt den Kindern Raum und Zeit, um sich kreativ ausleben zu können, sie können ihren Gedanken freien Lauf lassen und etwas selber gestalten wie ein freier Künstler und nicht wie ein angeblich freier Künstler in der Schule, der nur Malen nach Zahlen in die Hand gedrückt bekommt und sich im besten Fall die Farben aussuchen darf. Auf dem letzten Platz stand mit 29 Prozent der Mangel an Zeit, um alleine zu lernen. Alleine diese Behauptung der Kinder widerlegt schon jeden Gedanken der Bildungsbefürworter unseres jetzigen Schulsystem, dass Kinder nur durch äußeren Druck und autoritären Zwängen lernen würden. Kinder lernen viel und gerne, wenn man ihnen genügend Freiraum lässt,um sich zu entfalten und ihnen auch ohne ständige Kontrollen in Form von Tests und Klausuren Vertrauen schenkt. Der Gedanke der Bildungsbefürworter, dass man Kinder sozusagen zum Lernen zwingen muss bewirkt meistens genau das Gegenteil. Die Kinder fühlen sich unter Druck gestellt und ihr Denken wird von Kreativität und Individualität auf Leistung umgepolt. Sie lernen Stück für Stück, dass es anscheinend niemanden interessiert oder sogar abgewertet wird, wenn sie eigenständig und erfinderisch Denken. Unsere Angst uns einzugestehen müssen, dass Kinder von Natur aus lernen und kreativ begabt sind spiegelt sich in der Form von unserem Zwang und Drang nach Selektion und Auslese wieder. Man will halt nur „Das Beste" für das eigene

Kind und da kann es schon mal bedeuten, dass man sein Kind absichtlich von Kindern aus sozial schwächeren Familien trennt, da man nicht will das diese Kinder einen schlechten Einfluss auf das eigene Kind ausüben könnte oder vielleicht noch schlimmer die Zensuren verschlechtern würden ? Was für ein Schreck ! Oder vielleicht anders ausgedrückt was für eine Tragödie für die Kinder, die keiner gefragt hat als man sie in dieses Selektionssystem hinein gesteckt hat, sie benotet hat, sie von anderen Kindern absichtlich getrennt und sie angefangen hat zu Missachten, als sie mal eine schlechte Zensur mit nach Hause brachten. Ich frage mich, muss das sein ? Müssen wir so etwas unseren Kindern antun ? Soll so etwa unsere Zukunft aussehen ? Nur Leistungsdruck ? Nur noch funktionieren? Nie mehr ausschalten? Ständiger Perfektionismus ? Wie krankhaft und fast schon narzisstisch diese Gedanken sind will anscheinend noch keiner sehen, da es wahrscheinlich noch zu schmerzhaft erscheint und man sich lieber mit Konsum betäubt. Solange wir unseren Kindern solche krankhaften Gedanken vorleben und ausleben werden sie ebenfalls krank werden! Wir brauchen uns also nicht in Zukunft über noch mehr Besuche beim Psychoanalytiker,Psychologen oder Psychiater wundern und denken sie nicht sie haben es nicht gewusst ! Wir wissen in Grunde ganz genau was in diesem System abläuft, wir wissen, dass dieses System auf alles aus ist bis auf die Chancengleichheit und doch tun wir so als ob wir unschuldige Opfer wären. Warum wir das machen ? Weil die meisten Menschen viel zu abhängig sind vom System und deshalb alles tun,um es aufrecht zu erhalten, die Lehrer,die Schüler, der Bankkaufmann, der Pilot und noch viele andere Rollen der Gesellschaft auch ! Die meisten sind wie es Morpheus in dem Film „Die Matrix" erklärt noch nicht bereit, um abgekapselt zu werden, denn alle diese Rollen und die dazu gehörige Anerkennung stärken und füttern unser Ego und der Philosoph Gunnar Kaiser hat schon erklärt, dass dieses Ego nicht unser wahres Ich ist, sondern nur eine soziale Maske, die wir an uns ausziehen können. Er sah sich nach einem Streben an das wahre Ich um, um seine ganzen Möglichkeiten nutzen zu können und die Dinge auf der Welt so betrachten zu können wie sie wirklich ist und nicht wie sie durch unsere subjektive Wahrnehmung ständig verzerrt wird. Wir verzerren die Welt und die Realität jedoch ständig durch unsere subjektive Wahrnehmung, indem wir uns total mit unseren Rollen identifizieren. Diese Identifikation kann jedoch dazu führen, dass wenn jemand an unserer Rolle Kritik ausübt, wir es direkt persönlich nehmen und denken, dass wir als Mensch schlecht sind und da wir in unserer immer schnelllebigeren und globalisierten Welt tagtäglich in verschiedenen Rollen unterwegs sind kann diese Einstellung und Identifikation auf längere Zeit auch zu Stress und einem Unwohlsein führen. Diese Verhaltensweise nehmen jedoch auch Schüler sehr oft ein und kreieren somit ihr Leid selber. Sie denken, dass sie diese schlechte Note sind und senden dieses Signal an ihr Gehirn aus wonach das Gehirn denkt, dass es dringend etwas ändern muss und es werden Stresshormone ausgeschüttet. Die Note unseres heutigen Systems ist nicht nur eine „Objektive Bewertung", obwohl ich das Wort Objektiv sowieso in diesem Kontext anzweifle. Die Schüler bauen eine emotionale Verbindung zu diese Note auf, je nachdem welche Note erreicht wurde fühlen sich die Schüler gut oder schlecht und da schon der Philosoph Epikur in der Antike behauptet hat, dass der Mensch die Lust anstrebt und die Unlust vermeiden will kann man daraus ableiten warum der Mensch handelt wie er handelt, und zwar stressbedingt ! Wir sollten, insbesondere die Schüler sollten das dürfen, die Definition von Lust neu definieren. Lust kann doch nicht Born-Out bedeuten oder ? Ein geringes Selbstwertgefühl ? Ein Unwohlsein ? All das sind Folgen, die von unserem System verachtet und missachtet werden, denn Haben ist hier wichtiger als das Sein, und das Menschsein ist hier auch nicht gefragt, sondern das Funktionieren wie eine Maschine nur das diese Maschine eine Seele in sich tragt und diese Seele wird irgendwann rebellieren und Gegengenwind erzeugen, denn sie möchte aus gesehen und anerkannt werden, jedoch schenken wir die meiste Anerkennung nur unseren Noten ! Dass die extrinsische Motivation durch Noten die intrinsische Motivation tötet ist auch dem Philosophen und Publizisten Richard David Precht bekannt. Der Unterschied zwischen der extrinsischen und intrinsischen Motivation liegt darin, dass die intrinsische Motivation aus uns selbst kommt, das Ergebnis wird meistens dann nicht mehr so stark relevant oder gar irrelevant, und man hat einfach Freude an der Tätigkeit an sich und nicht am Ergebnis. Genau anders herum sieht es mit extrinsischen Motivation aus, da der Antrieb von der äußeren Umwelt kommt und man neigt sehr schnell dazu von diesem Antrieb abhängig zu werden. Ich meine wer würde noch zur Schule gehen, wenn es keine Art von Qualifikation dafür gäbe ? Ich musste diese Frage als Schülerin sehr deutlich verneinen. Wir Schüler werden also den größten Teil des Tages von äußeren Reizen getrieben, aber was macht das mit uns ? Unsere Neugier und die Lust am Tun wird zerstört und wir tun

Aufgaben nur so weit wie es in den Rahmenbedingungen vorgeben wird und festgelegt wurde. Der eigene Horizont wird begrenzt und man fühlt sich so als ob man sich in einem Hamsterrad bewegen würde und eigentlich gar nicht voran kommt. Wir lernen also nicht unsere Perspektiven zu erweitern, sondern uns nur auf das zu beschränken was in den Rahmenbedingungen vorgesehen wurde und das macht uns weder zu mündigen Bürgern, noch hat das irgendwas mit Bildung zu tun, sondern mit einem ökonomischen System was rational auf Profitmaximierung aus ist. Allein dieser ideologische Gedanke sollte einem zum Grübeln bringen, denn Menschen werden wie Maschinen gleichgestellt und die Menschen, die „Fehler" aufzeigen werden halt aussortiert genau so wie Maschinen. Diese Ideologie verursacht jedoch ständigen einen Drang nach Beschleunigung und wie wir bereits festgestellt haben sorgt Beschleunigung nicht für Zeitgewinn, sondern permanente Zeitnot und früher oder später auch Stress und Born-Out. Bildung ist somit zu einer Flucht geworden, einer Flucht vor dem Versagen, obwohl genau dieses „Versagen" so unheimlich wichtig wäre für den Lernprozess als auch für die Entwicklung der Schüler. Wie soll jemand etwas gut machen, wenn er noch die Möglichkeit bekommen hat, ohne äußeren

Druck, etwas falsch zu machen ? Es sollte jedem bekannt sein, dass man aus Fehlern lernen kann und auch gegebenenfalls Antworten auf seine Fragen in diesem Prozess finden kann. Die Schluss lässt den Schülern jedoch weder genug Raum noch Zeit, um diese Entwickelung durchzumachen, denn die Antworten auf die Fragen wurden schon im vor hinein festgelegt und der, der sie am besten auswendiglernen kann wird belohnt und der, der versucht eigene Antworten zu finden ist im wahrsten Sinne des Wortes ein armes Würstchen, zu mindestens in unserem heutigen Schulsystem !

Warum wir Köpfe ausbilden, anstatt Menschen !

Das Paradoxon des deutschen Schulsystems

Wenn ich mir so unseren Schulalltag angucke merke, dass dieser darauf ausgerichtet ist Köpfe zu bilden und keine Menschen ! Allein der Gedanke, dass unsere biochemischen Abläufe im Körper immer noch so funktionieren wie zu Urzeiten, dass bedeutet, dass wir eigentlich für das Jagen und Sammeln gemacht ist, sollte uns zum Grübeln bringen, und dennoch meinen wir es besser zu wissen und diese Kinder stundenlang in einem Raum stillsitzen lassen zu müssen. Ein Kind oder einfacher gesagt ein Mensch kann nicht nur ständig Denken ohne sich dabei zu bewegen und das nicht nur für eine abgekapselte Sportstunde, sondern über den ganzen Tag verteilt ! Wir brauchen Bewegung, um uns neu zu regenerieren und unsere „Batterien" neu aufzuladen.

Der Hirnforscher Stefan Schneider vom Institut für Bewegungs- und Neurowissenschaften der Sporthochschule Köln hat in seinen Experimenten herausgefunden, dass der motorische Kortex (Steuerungszentrale für Bewegung und Koordination) durch Bewegung aktiviert wird. Der präfrontale Kortex, der für das logische Denken und Planen verantwortlich ist, wird heruntergefahren. Was bedeutet das jetzt für uns ? Ich möchte ihnen keinen seitenlangen Vortrag der Neurobiologie aufzeigen, den am Ende weder sie noch ich verstehen werden. Es geht im Grunde darum, dass wir beim Sport abschalten und das haben wir bei unserer tagtäglichen Reizüberflutung dringend nötig !Ich versuche, obwohl ich schon tagtäglich 1-2 Stunden Kraftsport oder Leichtathletik betreibe, etwa nach 30-45 min. schreiben auszustehen und mich ein wenig zu Bewegen. Als Schüler hat man es in den 45 min. Takten jedoch etwas schwieriger, wenn man z.B ein paar Yoga-Übungen zwischendurch machen will oder ein wenig laufen gehen will. Man kann sich das wie bei einem Computer vorstellen bei dem ganz viele Fenster geöffnet sind und der nie heruntergefahren wird, um dann wieder neu starten zu können. Auch sie können mit der Zeit an technischen Schwierigkeiten leiden und genau so sieht es bei den Schülern aus, die nach 45 Minuten schon ein anderes „Fenster" (Fach) öffnen müssen, obwohl sie das andere vielleicht innerlich noch gar nicht geschlossen haben. Wir wissen genau was dann bei Computern passiert, sie werden langsamer und brauchen für alles länger, genau so sieht es mit der menschlichen Konzentration und Aufmerksamkeit aus. Wie können wir nun diese Aufmerksamkeit stärken ? Ganz einfach durch Sport ! Wir sollten uns vor Augen führen, egal ob wir uns für die Biologie interessieren oder nicht, dass beim Sport das Glückshormon Dopamin ausgeschüttet wird, das für Aufmerksamkeit und Konzentration zuständig ist und uns nebenbei noch glücklich macht. Diese Aufmerksamkeit und Konzentration benötigen wir z.B für viele kognitive Prozesse im präfrontalen Kortex wie z.B eine schwierige Aufgabe in Mathe. Vielleicht scheint es für manche Menschen ein Paradoxon zu sein, dass man durch das Herunterfahren des präfrontalen Kortex genau diesen fördert, jedoch sollte man sich vorstellen was mit einem Bodybuilder passieren würde, wenn er ständig seine Muskeln trainieren würde ohne ihnen Zeit für Regeneration zu geben. Wir wissen außerdem aus der Neuropsychologie und Lernpsychologie, dass wenn wir etwas neues lernen sich neue Verbindungen zwischen den Nervenzellen knüpfen und was brauchen wir dafür ? Neurotrophine ! Und woher kriegen wir sie ? Wieder beim Sport ! Denn beim Sport werden eben diese Neurotrophine ausgeschüttet, die genau für diese Fähigkeit so wichtig sind. Wir sind also schon längst auf dem Stand der Dinge, dass Bewegung immens wichtig ist für den Lernprozess und was machen wir ?Wir sperren Kinder und Jugendliche in einem Raum und zwingen sie still zu sitzen. Kein Wunder, dass die meistens Schüler überfordert sind, nicht mitkommen, Stress haben oder gar an Born-Out erkranken, wenn sie nie gelernt haben wie wichtig es ist seine „Batterien" neu aufzuladen. Wir brauchen keinen isolierten Sportunterricht, den am Ende alle hassen, sondern einen Bewegungsfluss ! Bewegung muss in den Alltag integriert werden, so dass es ein Rhythmus von Anspannung und Entspannung entsteht und nicht ein permanente Anspannung ! Ich plädiere somit dafür, dass wir Menschen ausbilden mit ihrem Geist und ihren Körper und sie nicht als isolierte Köpfe anzusehen, die ihren Körper nur als Mittel zum Zweck brauchen. Es sollte mindestens genau so wichtig sein sich körperlich zu bilden, als auch geistig, denn wir kennen den Spruch nur zu gut, dass ein gesunder Geist nur in einem gesunden Körper leben kann ! Doch wie kann das gelingen ? Wie können wir dafür sorgen, dass unsere Kinder nicht mehr physische und psychische Symptome klagen ? Es ist offensichtlich, dass wir nicht in jeder Stunde ein Ausdauertraining absolvieren können oder Basketball spielen können, während wir gleichzeitig Englischvokabeln lernen wollen, jedoch soll es gar nicht hier um Sport als isolierte Aktivität gehen, die auch nützlich und nachhaltig sein kann, sondern um Bewegung als einen Teil des Unterrichts. Die aktive Schule in Köln zeigt sich z.B als gutes Beispiel dafür, hier geht es darum durch Spiel-, Lern-, und Erfahrungsmöglichkeiten seine Neugier zu erwecken und auch regelmäßige Kursangebote, wo die Schüler ihr erworbenes Wissen anwenden können, somit wird die Theorien auf die Praxis hin geprüft. Sie bietet auch Bewegungsmöglichkeiten wie z.B einen Basketballkorb für den ganzen Tag an, damit die Kinder nicht den ganzen Tag nur herumsitzen müssen. Der Lehrer übernimmt hier die Rolle als Pädagoge oder Pädagogin, um die Schüler in ihrer Kreativität und Individualität zu unterstützen und zu fördern, aber nicht mit Frontalunterricht voll zu sprechen, jedoch muss sich die Schule auch hier mal wieder an die bürokratischen Vorgaben des Schulministerium NRW halten, um Abschlüsse ausgeben zu können. Es geht hier viel mehr um ein Miteinander, als um ein Gegeneinander, damit jeder seinen individuellen Beitrag zu einem Projekt leisten kann wie z.B das Projekt des Mausefallenautorennen, wo die Schüler selbstständig ohne die Hilfe der Lehrer in der Werkstatt, wo sie ein Auto gebaut, das durch die Spannkraft der Mausefallenfeder angetrieben werden sollte und sich auch noch gleichzeitig mit physikalischen Regeln auseinandergesetzt haben wie z.B der Kraftübertragung oder Reibung der Achse. Wie sehen also was passieren kann, wenn man sie alleine in ihrer Langeweile lässt, denn genau aus dieser Langeweile, die von unserer westlichen Gesellschaft so abgewertet wird, kann etwas so Wunderbares und Kreatives entstehen wie hier. Unsere Glaubenssätze, dass aus Kindern asoziale Wesen werden, wenn man sie nicht regelmäßig kontrolliert und überwacht hat sich hier als nichtig erwiesen. Wovor haben wir also noch Angst ? Was hält uns auf mal wieder auf ? Wann können wir den Kindern Vertrauen schenken ? Dies wird in unserer Angstkultur möglicherweise noch ein wenig Zeit in Anspruch nehmen, aber auch Andre Stern betont immer wieder, dass die Geschichte nur von kleinen Geschichten wimmert, die uns das Gegenteil beweisen und wir wissen, dass es sie gibt und dass so etwas auch für die Allgemeinheit möglich ist, jedoch verschließen wir unsere Augen davor und lassen uns mal wieder mit ökonomischen Argumenten umstimmen. Wir können aber damit anfangen unseren Kindern Vertrauen zu schenken und dabei beobachten was für wunderbare Dinge aus ihrer Freiheit erblühen, denn Kinder wollen nichts mehr als frei sein, frei sein von euch, von euren Vorurteilen und Normen, die ihr uns eingeredet und vorgelebt hat, frei von all den Zwängen, die uns auferlegt wurden. Dieses Projekt in der aktiven Schule Köln wird wahrscheinlich viel länger in den Köpfen der Kinder bleiben, als ein Frontalunterricht in den Regelschulen von Deutschland, da die Schüler Erfahrungen mit diesen physikalischen Gesetzmäßigkeit machen durften und somit auch eine Verbindung zu diesen herstellen könnten, sodass auch im Gehirn eine emotionale Verbindung hergestellt wurde und somit gelernt wurde, anstatt auswendig zu lernen ! Diese Verbindung ist es, der den Unterschied zwischen Lernen und Auswendiglernen herstellt und immens wichtig ist für uns Schüler, denn unser Gehirn ist nicht für das Auswendiglernen ausgelegt, wir sind wahrhaftig nicht dafür gemacht Informationen in uns aufzusaugen, sondern sie zu verstehen und Probleme zu lösen, aber wie soll das funktionieren, wenn wir weiterhin von den Lehrern an den Regelschulen die Antworten vorgelegt bekommen ? Wie soll man da selbstständig ein Problem lösen wie z.B über verschiedene Gründe und Ursachen von Sprachwandel nachzudenken, anstatt sich in der Klasse auf einige zu einigen, die man dann in der Klausur vor sich nieder schreibt. Was hat das noch mit eigenem Denken und Verstehen zu tun ? Dies ist nichts weiter als die sklavische Übernahme von Wissen, das einem nicht weiser macht, sondern zu einem Fachidioten wie es Richard David Precht sagen würde. Diese Art des Auswendiglernen wie es in meinem Deutschunterricht abläuft ist nichts weiter als die Ablagerung von Wissen in einem bestimmten Ordner, der den Namen „Deutsch" trägt, jedoch sind wir keine Computer, sondern Menschen, aber wir werden zu ihnen gezüchtet, denn wenn wir mal prinzipiell darüber Nachdenken würden, dass jemand der oben in der Hierarchie sitzt niemals wollen würde, dass jemand der unten sitzt (wir Schüler) so viel nachhaltiges Wissen haben könnte, das er auch in die Praxis also ins Tun umsetzten könnte, so dass er seine Position ergreifen könnte oder sie geschweige denn besser ausführen könnte, dass wäre doch eine Schande für eine darwinistische Gesellschaft, die immer nur auf Selektion mit dem Ziel noch mehr und besser zu bekommen. Wenn dann Schulen oder Menschen wie Andre Stern kommen versuchen wir sie als Ausnahmen zu etikettieren, damit niemand in der Gesellschaft auf die Idee kommt so etwas ähnliches zu machen, den es wäre ja zu unsicher in einer Angstkultur, wo jeder nur auf Probleme aus ist, obwohl Andre Stern immer wieder betont, dass er nicht Hochbegabt ist und, dass jedem Kind so etwas ähnliches passieren könnte, wenn es in solche Bedingungen aufwachsen könnte. Lernen ist so etwas natürliches, so dass wir gar nicht nicht lernen können, da wir in jedem Augenblick lernen, außer wir werden dazu dressiert etwas auf Zwang zu lernen, denn damit nehmt ihr uns Kindern die Gestaltungsmöglichkeiten und unseren schöpferischen Geist und presst ihn ein Gefängnis, wo er nach euren Vorstellungen funktioniert, für mich ein erschreckendes und ekelerregendes Bild wie wir uns selber so zu sagen zerstören! Ich und alle anderen Menschen auch lernen in jeder Sekunde etwas auch wenn sie nichts machen uns von der Gesellschaft als faul etikettiert werden, denn sie lernen mit sich alleine sein zu können, was eine immens wichtige Eigenschaft in der heutigen Gesellschaft ist. Wir können also nicht nicht lernen, es ist so wie mit dem Grundsatz von Paul Watzlawick, dass wir nicht nicht kommunizieren können.

Die verwirrte Generation

Der Blick auf meinem Stundenplan beginnt meistens immer wieder mit einem Kopfschütteln. Ich frage mich tagtäglich warum ich Dinge, Informationen und Daten total aus dem Kontext herausgezogen auswendig lernen soll, wenn ich die Sachen sowieso nach der nächsten Klausur wieder vergessen werde ? Hat das etwas mit Persönlichkeitsbildung zu tun wie es das Kultusministerium von NRW in ihren Absichten behauptet? Der Philosoph Gunnar Kaiser hat schon festgestellt, dass es totaler Schwachsinn ist, dass ein paar Politiker wüssten was 80 Millionen Menschen mehr Wohlsein erbringen würde und die Persönlichkeit fördern würde. Was bringt es mir, wenn ich die P-q Formel auswendig lerne oder den Aufbau einer Sachtextanalyse kenne ? Warum behandelt ihr die Sachen so als, ob man für jede Sache ein Fach bräuchte und in eine Schublade stecken muss ? Ich meine in der Realität treffen wir auch nicht separat auf Physik, Deutsch und Mathe, sondern erleben alles als großes Ganzes in einer Wechselwirkung. Wieso wird mir in der Schule beigebracht alles zu analysieren außer mich selbst ? Wieso gibt es keine Selbstanalyse für die der Psychoanalytiker Erich Fromm plädiert hat ? Wieso hab ich bei zehn verschiedenen Lehrern immer nur bei einem das Gefühl etwas für das Leben gelernt zu haben und nicht nur für die nächste Klausur ? Es ist schon fast ein Paradoxon, dass ich im Alleinsein mit mir selbst und einer kreativen Tätigkeit wie z.B das Schreiben viel mehr über mich und andere Dinge lerne, als in der Schule oder in dem Fall im Deutschunterricht. Allein die Annahme man müsse jedes Fach voneinander trennen und jedes einzelne Fach separat in 45 min. Häppchen unterrichten, hat weder etwas mit Bildung und verstehen zu tun noch mit unserer heutigen Welt. Wenn wir das Thema „Umweltkatastrophen" behandeln würden bräuchten wir nicht nur den Erdkunde Lehrer, sondern auch den Politiklehrer der die politische Situationen deutet und versucht daraus ebenfalls Ursachen zu ziehen, wie auch den Sozialwissenschaftslehrer und den Physiklehrer, als auch den Philosophielehrer der versucht das menschliche Handeln bzw. das Sein des Menschen zu deuten und daraus eine Ursache zu ziehen. Er könnte z.B aus Forschungen herausgefunden haben, dass jedes menschliche Handeln auf dem Egoismus beruht, daher handeln die Menschen z.B zu ihrem ökonomischen Vorteil (Da könnte auch der Sozialwissenschaftslehrer und der Politiklehrer beteiligt sein), daraus folgt dann, dass der Mensch aus Absicht Sachen produziert, die ihm finanziell helfen, jedoch die Umwelt zerstören. Auch der Philosoph Richard David Precht plädiert für Projekte statt Fächer, denn in realen Leben treffen wir immer wieder auf diese Art Projekte, wo verschiedene Faktoren in Wechselwirkung miteinander funktionieren. In dem heutigen Schulsystem tun wir jedoch so, als ob jedes Fach eine extra Wurst bräuchte, wo durch wir den Schülern noch mehr Stress und Druck beifügen. Es ist kein Wunder, dass Schüler (Ich gehöre übrigens auch dazu) total verwirrt aus dem Unterricht kommen und sich denken, dass sie im Grunde nichts verstanden haben, und es hat auch nichts mit der mangelnden Intelligenz zu tun wie es einige Lehrer gerne behaupten, sondern einfach nur damit, dass die Schüler diese Dinge zur keiner Beziehung mit sich selbst setzten können, und da es schon aus der Psychologie bekannt ist, dass meistens immer nur das hängen bleibt was für einem selbst relevant oder von Wert ist, brauchen wir uns über unmotivierte Schüler nicht wundern denen es angeblich an Disziplin fehlt. Wie oft bin ich aus dem Unterricht gekommen und habe mir gedacht warum zur Hölle wir so etwas belangloses machen müssen? Warum ich meine Zeit nicht selber mit dem Stoff einteilen kann, der mich interessiert ? Wie oft hatte ich das Gefühl vor dem Schreibtisch einfach nur etwas für die nächste Klausur zu lernen und es dann wieder zu vergessen. Wie oft saß ich ich gelangweilt im Unterricht und hab mir Gedanken gemacht was ich zu Hause kochen werde, wie oft war ich unachtsam. Ich frage mich warum diese Unachtsamkeit genau bei für mich persönlich belanglosen Sachen auftritt und eben nicht dann, wenn ich z.B achtsam diese Wörter mit voller Leidenschaft vor mich hin tippe ? Wie oft habe ich mich so gefühlt als ob ich mich in einem Hamsterrad bewegen würde. Ich frage mich nur wann ich endlich aussteigen kann, aussteigen aus einem Kampf, wo es nie einen wirklichen Gewinner gab... ?

Schon Kant hat festgestellt, dass Gedanken ohne Inhalt leer sind und was machen wir in der Schule, obwohl wir Kant in der Epoche der Aufklärung so hoch halten ? Genau das ! Wir Schüler müssen uns so viele Gedanken merken ohne, dass sie wirkliche Tiefe haben. Der Mediziner und Psychotherapeut Dr.Rüdiger Dahlke hat schon festgestellt, dass so eine Sinnlosigkeit leicht zu Born-Out führen kann, jedoch wird diese Erkenntnis anscheinend von der Bildungspolitik und vom Kultusministerium Missachtet. Schüler und Schülerinnen müssen sich ,trotz dem neusten Stand der Wissenschaft über eine solche Problematik, tagtäglich mit langweiligen Unterricht und belanglosen Dingen auseinandersetzten. Ich habe mich schon oft dabei beobachten wie ich versucht habe nach dem Sinn zu suchen und ihn nicht gefunden habe, aber dennoch dazu gezwungen wurde mich damit auseinandersetzten. Ich bin mir über die Folgen und Risiken der Sinnlosigkeit bewusst, aber was ist mit den anderen Schülern, die sich darüber nicht bewusst sind und unbewusst solche Reaktionsmuster mit sich tragen? Man kann von ihnen doch nicht verlangen jetzt noch in diesem verkürzten Schuljahr und mit der permanenten Zeitnot sich mit der Seele auseinandersetzten ! Es wäre eine viel besser Möglichkeit, wenn die Schüler genau an dem Ort über die Problematik aufgeklärt werden, wo sie entsteht ! Meditationsübungen und Yoga und Atemtechniken können sehr viel zur Vorbeugung dieser Problematik beitragen, denn sie helfen einem im hier und jetzt zu sein und nicht etwa in der Vergangenheit oder Zukunft. Der Philosoph Richard David Precht hat auch schon betont, dass wir Menschen bilden und keine Köpfe, jedoch wird das von unserem heutigen System nicht berücksichtigt. Wir Schüler müssen stundenlang in einem Raum sitzen und verlieren dabei total unseren Lebensryhtmus, denn der menschliche Körper ist nicht dafür ausgerichtet, um stundenlang herumzusitzen, sondern er war ursprünglich zum Jagen und Sammeln gedacht. Wir Sammeln und Jagen jedoch in unserer heutigen westlichen Gesellschaft keine Mammuts, Pilze und Nüsse mehr, sondern Termine,Geld, Zeit und Erfolg. Die Mammuts haben sich wie schon in dem letzten Kapitel erläutert habe verändert ! Wir jagen der nächsten sinnlosen Sachen nach der nächsten her und wundern uns dann warum wir ausgebrannt werden. Wir vergessen, dass da etwas ist, das sich Seele nennt und diese Seele braucht auch Futter wie der menschliche Körper, jedoch wird auch sie krank, wenn sie mit belanglosen Fast-Food vollgestopft wird genau so wie der Körper und wenn die Seele keinen Zugang mehr findet, um uns Warnsignale auszusenden benutzt sie halt unseren Körper und wir werden krank

Wir sind Menschen und nicht nur Köpfe

Wenn ich mir so unseren Schulalltag angucke merke, dass dieser darauf ausgerichtet ist Köpfe zu bilden und keine Menschen ! Allein der Gedanke, dass unsere biochemischen Abläufe im Körper immer noch so funktionieren wie zu Urzeiten, dass bedeutet, dass wir eigentlich für das Jagen und Sammeln gemacht ist, sollte uns zum Grübeln bringen, und dennoch meinen wir es besser zu wissen und diese Kinder stundenlang in einem Raum stillsitzen lassen zu müssen. Ein Kind oder einfacher gesagt ein Mensch kann nicht nur ständig Denken ohne sich dabei zu bewegen und das nicht nur für eine abgekapselte Sportstunde, sondern über den ganzen Tag verteilt ! Wir brauchen Bewegung, um uns neu zu regenerieren und unsere „Batterien" neu aufzuladen. Der Hirnforscher Stefan Schneider vom Institut für Bewegungs- und Neurowissenschaften der Sporthochschule Köln hat in seinen Experimenten herausgefunden, dass der motorische Kortex (Steuerungszentrale für Bewegung und Koordination) durch Bewegung aktiviert wird. Der präfrontale Kortex, der für das logische Denken und Planen verantwortlich ist, wird heruntergefahren. Was bedeutet das jetzt für uns ? Ich möchte ihnen keinen seitenlangen Vortrag der Neurobiologie aufzeigen, den am Ende weder sie noch ich verstehen werden. Es geht im Grunde darum, dass wir beim Sport abschalten und das haben wir bei unserer tagtäglichen Reizüberflutung dringend nötig ! Ich versuche, obwohl ich schon tagtäglich 1-2 Stunden Kraftsport oder Leichtathletik betreibe, etwa nach 30-45 min. schreiben auszustehen und mich ein wenig zu Bewegen. Als Schüler hat man es in den 45 min. Takten jedoch etwas schwieriger, wenn man z.B ein paar Yoga-Übungen zwischendurch machen will oder ein wenig laufen gehen will. Man kann sich das wie bei einem Computer vorstellen bei dem ganz viele Fenster geöffnet sind und der nie heruntergefahren wird, um dann wieder neu starten zu können. Auch sie können mit der Zeit an technischen Schwierigkeiten leiden und genau so sieht es bei den Schülern aus, die nach 45 Minuten schon ein anderes „Fenster" (Fach) öffnen müssen, obwohl sie das andere vielleicht innerlich noch gar nicht geschlossen haben. Wir wissen genau was dann bei Computern passiert, sie werden langsamer und brauchen für alles länger, genau so sieht es mit der menschlichen Konzentration und Aufmerksamkeit aus. Wie können wir nun diese Aufmerksamkeit stärken ? Ganz einfach durch Sport ! Wir sollten uns vor Augen führen, egal ob wir uns für die Biologie interessieren oder nicht, dass beim Sport das Glückshormon Dopamin ausgeschüttet wird, das für Aufmerksamkeit und Konzentration zuständig ist und uns nebenbei noch glücklich macht. Diese Aufmerksamkeit und Konzentration benötigen wir z.B für viele kognitive Prozesse im präfrontalen Kortex wie z.B eine schwierige Aufgabe in Mathe. Vielleicht scheint es für manche Menschen ein Paradoxon zu sein, dass man durch das Herunterfahren des präfrontalen Kortex genau diesen fördert, jedoch sollte man sich vorstellen was mit einem Bodybuilder passieren würde, wenn er ständig seine Muskeln trainieren würde ohne ihnen Zeit für Regeneration zu geben. Wir wissen außerdem aus der Neuropsychologie und Lernpsychologie, dass wenn wir etwas neues lernen sich neue Verbindungen zwischen den Nervenzellen knüpfen und was brauchen wir dafür ? Neurotrophine ! Und woher kriegen wir sie ? Wieder beim Sport ! Denn beim Sport werden eben diese Neurotrophine ausgeschüttet, die genau für diese Fähigkeit so wichtig sind. Wir sind also schon längst auf dem Stand der Dinge, dass Bewegung immens wichtig ist für den Lernprozess und was machen wir ? Wir sperren Kinder und Jugendliche in einem Raum und zwingen sie still zu sitzen. Kein Wunder, dass die meistens Schüler überfordert sind, nicht mitkommen,

Stress haben oder gar an Born-Out erkranken, wenn sie nie gelernt haben wie wichtig es ist seine „Batterien" neu aufzuladen. Wir brauchen keinen isolierten Sportunterricht, den am Ende alle hassen, sondern einen Bewegungsfluss ! Bewegung muss in den Alltag integriert werden, so dass es ein Rhythmus von Anspannung und Entspannung entsteht und nicht ein permanente Anspannung ! Ich plädiere somit dafür, dass wir Menschen ausbilden mit ihrem Geist und ihren Körper und sie nicht als isolierte Köpfe anzusehen, die ihren Körper nur als Mittel zum Zweck brauchen. Es sollte mindestens genau so wichtig sein sich körperlich zu bilden, als auch geistig, denn wir kennen den Spruch nur zu gut, dass ein gesunder Geist nur in einem gesunden Körper leben kann ! Wir können also aus der Neurobiologie, Sportpsychologie und Neuropsychologie viel Erkenntnis abgewinnen, die für unseren Prozess wichtig ist, und doch halten wir stur an diesem System fest, das anscheinend mehr Schaden anrichtet als es Nutzen hat. Wenn man Kinder nie beibringt wie man sich fit halten kann und für seinem Körper sorgen (Es ist übrigens für mich genau so eine Aufgabe von der Schule wie von den Eltern) dann werden sie es auch nie nachahmen, da sie es vorgelebt bekommen haben. Wer dies für sozialpsychologischen Humbug hält lässt sich möglicherweise anders umstimmen. In unserem Gehirn wurde eine Nervenzelle gefunden, die Spiegelneuron heißt. Diese Spiegelneuronen sind dafür verantwortlich, dass wenn wir jemand bei einer Handlung zusehen, dass dieselben Aktivierungsmuster aktiv werden als ob wir gerade diese Handlung durchführen würden. Der gleiche Fall entsteht auch bei Düften,Geräuschen oder Bildern, die früher mit einer Handlung verbunden haben, bei diesem Prozess werden ebenfalls die gleichen Aktivierungsmuster aktiv wie als ob man die Handlung tatsächlich ausführen würde. Diese Funktion kann z.B sehr wichtig für die Empathiefähigkeit sein, wir kennen bestimmt alle das Gefühl, dass uns jemand etwas erzählt und wir es merkwürdigerweise komplett nachvollziehen können oder es auch körperlich wieder wahrnehmen können. Diese Funktion kann aber auch gefährlich sein, wenn es um Eigenständigkeit und Kreativität der Schüler oder allgemein der Menschen geht. Kinder die eventuell gerade erst mal ein paar Wochen in der Schule sind benutzen diese Spiegelneuronen, um Dinge nachzuahmen. Auch wenn einem der direkte Zusammenhang nicht ganz klar scheint haben wir, dennoch festgestellt welche Funktion diese Spiegelneuronen haben, und zwar, dass sie beim Zuschauen einer Handlung die gleichen

Aktivierungsmuster bei einem aktiv werden wie als ob man die Handlung ausführen würde. Nun kriegt dieser junge Schüler sehr viele Handlungen vorgelegt, die immer im Gleichschritt ausgeführt werden und wo es nur auf die Leistung ankommt, beim diesem Schüler werden dann bei der nächsten ähnlichen Situationen die gleichen Aktivierungsmuster aktiv, da ihm die Situationen schon bekannt ist und da er sie mit etwas in Verbindung setzten kann. Er oder Sie weiß z.B was beim Wort „Test" gleich passieren wird und es kann sein, dass dann erst mal Stresshormone ausgeschüttet werden. Wir sehen also, dass dies ein ziemlich unbewusstes Muster ist, da sich die wenigsten Menschen darüber Gedanken machen, geschweige denn sich darüber informieren welche Prozesse in ihren Gehirnen ablaufen. Wir leben stattdessen lieber einfach vor uns hin und tun nun mal das was getan werden muss, ich meine die Anderen machen es ja auch so oder ? Dieser Glaubenssatz ist nicht nur nichtig, er kann ihr Leben auch immens beeinträchtigen , denn wenn wir nach der Sozialpsychologie gehen, wird genau die Situation für das Individuum real was er oder sie auch für real hält. Wenn Schüler Noten und Zensuren für ihren Lebensinhalt halten wird eben auch genau das passieren ! Wenn sie denken, dass sie diese ganzen Klausuren niemals schaffen werden wird auch genau das passieren, denn die Glaubenssätze tragen sie die ganze Zeit mit sich rum, und sie können nur etwas ändern, wenn sie diese Glaubenssätze gegen neue austauschen, aber wiedereinmal muss das jeder für sich selbst herausfinden, da sich unserer liebe Schule dafür zu schade ist. Ich meine was bringt einem das in seinem späteren Leben ? Geld,Erfolg oder Zeit? Ganz sicher nicht ! Das ist die Perspektive der meisten Menschen in unserer heutigen Gesellschaft und, anstatt anzuerkennen, dass Geld,Erfolg und Zeit nichtig sind gegenüber von Glück,Entspannung, erfüllt sein und Zufriedenheit, fahren wir doch lieber in die Stadt, um unsere Seele mit noch materiellen Schwachsinn zu ersticken. Nicht anderes wird uns Schülern in der Schule beigebracht. Es geht immer nur um Zeit,Geld und Erfolg, dies sind anscheinend die neuen Maximen des 21.Jahrhunderts geworden, Kant würde sich bestimmt schämen. Wir lernen in die Schule zu gehen, um Dinge zu lernen, die wir wieder vergessen, damit wir später ein Zeugnis kriegen mit dem wir ein Job ausführen den wir hassen, damit wir Geld haben, um uns Dinge zu kaufen, die wir nicht brauchen und schlussendlich um Leute zu beeindrucken, die wir nicht mögen. Was für ein ekelerregender Werdegang ! Allein die Vorstellung, dass ich mein Leben mit so etwas verbringen könnte ekelt mich so an, dass ich gerade lieber vor meinem Computer sitze und diese Zeilen tippe, anstatt mir ein Kapitel aus Faust von Goethe zu lesen, damit ich „gut" bei meinen Deutschlehrer ankomme und eine Note kriege, die emotionales Wohlsein den ganzen Tag beeinflussen wird. Es ist eine Schande wie wir unsere Kinder motivieren und ihnen einreden, dass solche Nichtigkeiten wichtiger sind, als wahrhaftige Gesundheit. Ich appelliere an alle Eltern, die Kinder haben , lasst das nicht zu, lasst nicht zu, dass eure Kinder nach dem Studium zusammenbrechen und eine Klinik müssen! Wollt ihr das ? Fall ja, wofür ? Geld? Erfolg ? Merken sie nicht, dass ihnen dieser ganze Schwachsinn nur eingespritzt wurde ? Merken sie nicht, dass da jemand ein Gefängnis für ihren Verstand gebaut hat ? Lassen sie nicht zu, dass so eine Leistungskultur ihre universalen Werte beeinflusst wie die bedingungslose Liebe zu ihren Kindern. Wir sind immerhin heute auf dem wissenschaftlichen Stand wie sehr psychische Erkrankungen und Beschwerden unseren Körper beeinflussen. Wenn ihre Nase voll ist sollten sie sich mal fragen von was sie die Nase voll haben ? Ich habe diese Erkenntnis wie die meisten Menschen am Anfang für Humbug gehalten, jedoch habe ich mich einfach für eine Weile selbst beobachtet und festgestellt, dass wenn ich etwas tue was meiner Seele nicht gut tut ich meistens etwas später oder auch möglicherweise in dem Moment körperliche Beschwerden bekomme. Unser Körper ist also ein wichtiger Ausgangspunkt, wenn wir wissen wollen wie es unserer Psyche und unserem Wohlsein geht. Diese Erkenntnis wird jedoch wie schon einmal erwähnt von unserer westlichen Gesellschaft eher abgestoßen, da keiner sich wirklich eingestehen möchte, dass er psychisch krank sein könnte, da wir viel zu viele negative Bilder damit verbinden, und daher wird es den Schülern auch nicht in der Schule erklärt. Ich habe in meiner ganzen Schullaufbahn keinen einzigen Lehrer getroffen (Bis auf eine Ausnahme, die solche Erkenntnis publiziert), der uns eigentlich so einfach und doch so wertvolle Weisheiten mit an die Hand geben hat. Wir stehen also allein gelassen da mit all dem Alltagsstress und all den Anforderungen und im Endeffekt muss jeder für sich einen Weg finden, um mit diesen Widrigkeiten klar zu kommen, obwohl es gar nicht mal so schwer wäre anderen Menschen zu helfen. Wir müssen nur diese Blockade brechen ! Diese Blockade, dass man psychisch nicht erkranken darf, da man ansonsten als „Nicht normal" gilt, diese Blockade, die uns weiß machen lässt, dass wir immer funktionieren müssen egal wann und wo, diese Blockade, die uns einredet, dass wir nicht mehr und weniger als unsere Leistungen sind und, dass wir unbedingt ganz viel leisten müssen. Das sind Glaubenssätze, die die meistens Schüler tagtäglich mit sich tragen,tagtäglich tragen wir Leistungsdruck, Stress, Angst und Wut mit uns mit, immer wieder aufs neue müssen wir uns beweisen ohne einfach zu sein, als ob man eine Begründung für seine menschliche Existenz bräuchte, als ob man jemanden etwas schuldig wäre. Wir müssen uns aber nicht Rechtfertigen, wir brauchen kein Beweis für unsere Existenz und erst recht keine Noten ! Wir dürfen sein und dafür brauchen wir uns vor keiner Person, keiner Institution, keinem Land oder auch der Welt rechtfertigen. Jeder von uns hat das universelle Recht auf Leben und Freiheit und diese darf uns von keinem Staat genommen werden, und es ist egal ob dieser Staat sich als Demokratie und Diktatur ausgibt. Dieses Recht gilt überall oder besser gesagt es ist unabhängig von Zeit und Raum ! Wir Menschen meinen aber, dass wir unbedingt ein paar Leute brauchen, die sich einen schicken Anzug kaufen am besten noch mit einem Orden an der Brust, irgendetwas von Demokratie und Menschenrechten reden, um sie dann in den Bundestag zu schicken, damit sie über das Wohlsein von über 80.Millionen Menschen bestimmen können. Diese Annahme widerspricht gegen den Wert der individuellen Freiheit, denn diese wird von ein paar Politikerin eingeschränkt, aber natürlich nur zum Wohle der Gemeinschaft (Ich hoffe, dass die Ironie herauslesbar ist). Wir geben also Freiheit für Sicherheit auf, die uns im Endeffekt aber niemand zu 100 Prozent garantieren kann und wundern uns dann warum unser Leben so unerfüllt ist ? Es ist schon paradox wie die Menschen denken und wie sie dann schließlich handeln. Schon Sokrates hat gesagt, dass richtiges Handeln nur von der inneren richtigen Einsicht kommen, aber wie soll man zu der kommen, wenn sie gegen Werte verstößt, die man selber haben möchte? Ich meine wer will schon freiwillig, dass ihm de Freiheit,Würde und das Recht auf das Leben genommen würde ? Wir erkennen also das Paradoxon zwischen dem was der Mensch will und was er tatsächlich tut. Ich frage mich manchmal auch wie viele Hirnforscher und Lernpsychologen wir noch brauchen, damit sie uns Fakten niederlegen, die die Nichtig dieses Systems bestätigen. Sind wir so unfähig geworden unseren eigenen Verstand zu benutzen, anstatt ihn in die Hände der Politiker zu geben ? Oder leiden wir an einer Lernstörung wie es Kurt Singer schon bestätigt hat ? Wie viele Opfer dieses Systems brauchen wir noch ? Wollen wir das überhaupt noch ? Noch so viel Leid ausstehen und wofür das Ganze ? Wieder einmal Geld,Erfolg und Zeit ! Wir sind schon zu einer merkwürdigen Gesellschaft geworden, die lieber die Symptome lindert, anstatt die Ursachen zu beseitigen und das beste Beispiel ist unsere heutige Flüchtlingslage. Wir exportieren zisch tausend Waffen in den nahen Osten, die kommen in die Hände des islamischen Staates und die Menschen müssen dann vor deutschen Waffen nach Deutschland fliehen. Erkennen sie das Paradoxon ? Deutschland brockt sich die ganze Scheiße , wegen wirtschaftlicher Vorteile, selber ein und beschwert sich dann über die Wirkung ? Jede Wirkung hat nach ihrer Gesetzmäßigkeit ihre Ursache und wenn wir das selber sind sollten wir möglicherweise mal ein Blick auf uns werfen. Genau so sieht es mit unserem Schulsystem aus ! Es nützt nicht mal da einen Ausflug zu machen oder da eine Projektwoche, wenn dadurch nur die Symptome gelindert werden. Wir müssen die Ursache bekämpfen ! Die Ursache ist in dem Fall das System selbst und Menschen geben nur ungern zu, dass sie möglicherweise jahrelang einen Fehler gelebt und praktiziert haben, dafür haben sie sich schon zu lange mit der Ideologie dieses Systems identifiziert. Wer das für wahr hält ist auch sehr darum bemüht diese „Wahrheit" aufrecht zu erhalten, und daher halten die Parteien auch so gerne an ihrer Überzeugung fest und die Politiker publizieren sie dann wie Lobbyisten ! Wir sollten uns immer wieder vor Augen führen, dass Politiker oder allgemein Menschen nicht von der Wahrheit reden, sondern nur von einer subjektiven Perspektive einer Wahrheit, die sie als wahr empfinden. Ich meine, wenn jeder alles gleichermaßen objektiv sehen würde wozu bräuchten wir dann zisch verschiedene Parteien ? Wir sollten uns außerdem vor Augen führen, dass auch meistens Politiker in ihrem Interesse bzw. im Interesse ihrer Partei sprechen und auch darum bemüht sind viele von ihrer Position zu überzeugen. Dieser Prozess hat jedoch einen fatalen Nachteil, und zwar Manipulation ! In unserem Schulsystem läuft es bei den Menschen nicht anders ab, als bei den fest überzeugten Politikern ihrer Ideologie. Viel zu viele Schüler sind noch von diesem System abhängig, als das sie nichts anders im Sinn haben, als das System zu schützen. Wie oft habe ich schon den Satz gehört:,, Aber das ist doch meine Zukunft, ich muss das tun, ansonsten bin ich doch gar nichts". Wie tief ist die Gesellschaft gesunken, dass wir Schüler einen Beweis oder eine Rechtfertigung für unsere Existenz brauchen ? Viel zu viele Schüler identifizieren sich noch mit den Noten, die sie bekommen und viel zu viele leiden noch emotional an diesen Ursachen, während die Bildungspolitik sich weiter Argumente für G8 überlegt mit denen sie das Volk ruhigstellen und füttern können. Es gibt einfach noch zu viele die wie es Morpheus in dem Film „Die Matrix" beschrieben hat an ihren mentalen Projektionen gebunden sind und so lange wir da sind, solange wir uns nicht die Freiheit nehmen die Freiheit in unserem Kopf zu benutzen, solange sind wir Sklaven von ihm ! Das Schlimmste ist, dass die großen Firmen, die Politiker und viele andere große Mächte unsere Ängste der Unwissenheit kennen und sie gekonnt ausnutzen, um aus ihnen Profit zu schlagen ! Solange wir Schüler es zulassen, dass uns Lehrer überwachen, kontrollieren, bewerten und Selektieren, solange haben wir unsere Grundrechte und auch unsere universellen Werte aufgegeben. Wollen wir das ? Wollen wir weiter der Hamster im Hamsterrad sein, der im Grunde niemals vorwärts kommt ? Wollen wir weiterhin Marionetten des Staates sein ? Wollen wir die wichtigsten Werte aufgeben, die uns als Menschen ausmachen, Selbstwahrnehmung,Selbstbestimmung und Freiheit? Wollen wir unser Recht auf Gedankenfreiheit aufgeben ? Ist uns das alles so unwichtig geworden ? Ist Geld und Zeit wirklich wichtiger ? Ich appelliere an alle Schüler, an alle Schüler, die sich ungerecht behandelt fühlen, aber auch an die gut in der Schule sind, sich zu erheben, sich erheben gegen die Autoritäten, die uns unterdrücken und abwerten, sich zu erheben gegen die Selektion, die uns psychischen und später auch physischen Schaden anrichtet, sich zu erheben für unsere Freiheit, damit wir am Ende wirklich mündige Bürger sein können und nicht das Produkt des Staates !

Die Schule ist verfassungswidrig !

In Artikel 1 im Grundgesetz ist ganz deutlich festgehalten, dass die Würde jedes Menschen unantastbar ist. Doch wie sieht es mit uns Schülern aus? Warum nehmen sich Lehrer immer wieder das Recht raus uns Schülern mit mentaler Gewalt abzuwerten und machen damit unsere Würde antastbar. Ist also die Würde des Schüler anstastbar ? In unserem heutigen System lautet die Antwort ja ! Ich kann mich noch sehr gut an den Tag erinnern als ich in der siebten Klasse war und unserer Kunstlehrer irgendwoher die Lust hatte uns systematisch fertig zu machen, es kann sein, dass er das nur aus Spaß gemacht hat, jedoch habe ich dies als alles andere als Spaß empfunden. Ich meldete mich also in der Klasse und fragte ihn warum er uns immer fertig machen wollte, darauf hin hat er mich vor der ganzen Klasse bloß gestellt und mich mit Beleidigungen fertig gemacht. Ich konnte in meiner weiteren Schullaufbahn auch immer wieder bei anderen Schülern miterleben wie sich die verschiedensten Lehrer das Recht raus genommen haben die Schüler zu beleidigen, zu demütigen und bloß zu stellen. Wo sind da unsere universellen Werte geblieben an denen wir als demokratisches Volk so sehr fest halten ? Ist es dann nicht die Pflicht von jedem einzelnen von uns für den anderen einzutreten, wenn seine oder ihre universellen Werte verletzt werden ? Diese Pflicht gerät jedoch sehr schnell ins Ungleichgewicht, wenn wir selber davon Schaden tragen könnten. Es ist also purer Egoismus, der uns hemmt für andere einzutreten, denn in diesem System heißt es:„ Jeder gegen jeden, oder fressen oder gefressen werden", da hat man nun mal keine Zeit für Empathie und Mitgefühl. Was hat dieses System mit uns gemacht ? Warum sind wir als Menschen so unmenschlich geworden ? Warum wird in der Schule so viel über Ethik gesprochen, aber niemand praktiziert sie? Ist Leistung und Geld, das einzige geworden was uns noch antreibt, oder gibt es noch so etwas wie Solidarität ? Wie lange wollen wir noch unser Recht auf Gedankenfreiheit zum Gunsten der Ökonomie aufgeben ? Ist der materielle Besitz so wichtig geworden ? Wo sind unsere Grundrecht auf Freizügigkeit und Versammlungsfreiheit geblieben, die systematisch in der Schule verletzt werden ? Wollen wir uns immer wieder sagen lassen wann wir was und wie zu tun haben ? Nennt man so etwas einen mündigen Bürger ? Wer hat uns so einen Unsinn ins Gehirn gespritzt, dass wir uns für die Erwartungen anderer überwinden müssen etwas zu tun, das uns keine

Freude bereitet ? Wo ist die eigentliche Bedeutung von Schule geblieben, die nichts anderes ist als Muße und freie Zeit ? Wenn wir wirklich selbstbestimmte Bürger wären, bräuchten wir keine 45 Minuten Takte, die uns angeben was wir als nächstes machen sollen, sondern wir könnten selber entscheiden was gerade für uns relevant erscheint und nicht nur für die nächste Klausur. André Stern wurde auch von niemanden aufgerufen, dass er jetzt lieber statt Deutsch Biologie lernen soll, denn in diesem Lebensabschnitt wollte er täglich 6 bis 8 Stunden Deutsch studieren und er hat es mit einer Muße gemacht und nein er ist nicht arbeitslos geworden wie es die meisten Menschen in der westlichen Gesellschaft schon in ihren Köpfen vorinstalliert haben, sondern ist jetzt ein leidenschaftlicher Autor,Journalist und Musiker. Wirklich jeder von uns hat diese verdammt wichtig Fähigkeit der Vorstellungskraft und wir haben schon an der Geschichte gesehen und wir sehen es auch tagtäglich was diese Vorstellungskraft alles schaffen kann. Wir brauchen keine Lehrpläne und Vorschriften, die vorgeben was alle Schüler zum gleichen Zeitpunkt können und wissen sollen, denn das zerstört diese Vorstellungskraft und unsere Individualität, und André Stern hätte es wahrscheinlich auch schlimm gefunden, wenn im jemand ständig beim Lesen lernen gestört hätte, obwohl er es für sich individuell erst mit neun Jahren lernen wollte. Jeder von uns hat sein individuelles Lerntempo und jeder hat das Recht auf seine Menschenwürde und die darf von keinem verdammten System auch nur ansatzweise berührt werden ! Wir haben also demokratisches Land doch so sehr dafür gekämpft, dass das Grundgesetz vor jeder anderen Verfassung steht, also warum halten wir uns auch nicht daran ? Wir haben uns selbst als Menschen und mit unseren wunderbaren Fähig aufgeben , aufgeben für die Ökonomie und für den Konsum, der schon fast in Narzissmus ausartet.

Rettet unsere Neugier

Ich glaube zwar an keinen Gott, aber an die Fähigkeit unserer Vorstellungskraft. Wir müssen uns mal vorstellen wie es überhaupt wie es möglich war und ist, dass immer wieder neue Sachen und Gegenstände entstehen wie z.B das Iphone. Für Kinder, die noch nicht in unsere Leistungsgesellschaft sozialisiert wurden, ist diese Welt wie ein riesengroßen Wunderland, überall neue Orte und Dinge, die sie entdecken und verstehen wollen. Haben sie sich niemals gefragt warum Kinder so viele Fragen stellen ? Kinder haben noch diese Kraft der Vorstellungskraft, für sie ist so gut wie alles möglich. Diese Vorstellungskraft wird aber systematisch ausgetrieben, und zwar am meisten von unserer Schule ! Es ist schon ein erschreckendes Paradoxon, dass genau an dem Ort wo die Entdeckerfreude und Lernlust zum Leben erweckt und gefördert werden sollte, systematisch zerstört wird. Wir werden behandelt, als ob wir ohne Lernpläne an Wissen verhungern würden genau so wie als ob man uns vorschreiben müsste zur welcher Uhrzeit wir welche Mahlzeit zu uns einnehmen sollen, damit wir gar nicht verhungern oder an Magersucht oder ähnliches leiden. Mit uns wird so Hand gehabt, als ob wir in einer ständigen

Angst leben, einer Angst nicht mitzukommen und am Ende wohl möglich zu verlieren. Der Architekt Van Bo le-Mentzel bekräftigt ebenfalls, dass wir vertrauen müssen, um aus der Angstkultur herauszusteigen und es viel Mut braucht, um seine Potenziale zu nutzen und das zu tun was man tun möchte und nicht das, was einem vorgelebt wird. Für ihn ist die Welt nicht trennbar in Soziologie,Physik,Mathe,Psychologie und in vielen anderen Fächern, sondern es ist an großes Ganzes in ständiger Wechselwirkung. Diese Einsicht wird jedoch von unserer Bildungspolitik und unseren Regelschulen systematisch ignoriert und sie bilden uns weiterhin zu Fachidioten aus, anstatt zu mündigen Bürgern, die ihr volles Potenzial nutzen können. Es ist ein Umdenken nötig, und zwar dringend, denn wenn wir weiterhin alles auf Effizienz zum Gunsten der Ökonomie umstellen, werden unsere Kinder noch mehr an psychischen und psychosomatischen Erkrankungen leiden müssen und wir werden noch schneller das zerstören was sie so besonders macht, und zwar diese Neugier, Vorstellungskraft und Begeisterung. Meine Frage an die Bildungspolitik ist wollt ihr das ? So viel Leid für was ? Geld etwa ? Die Art und Weise wie ihr mit uns Schülern umgeht schafft uns keinen Raum und keine Zeit für Kreativität und Muße, sondern bringt uns in einem permanenten Zeitdruck worauf Beschleunigung folgt und was folglich nur permanente Zeitnot mit sich bringt. Ist es so weit gekommen, dass Kinder sich einen Terminkalender anschaffen müssen, um ihr Leben zu „Organisieren" ? Ist es nicht viel sinnvoller in der Zeit zu leben und zu spielen, anstatt in Organisation zu versinken, während das Leben an einem vorbeilebt? Leben wir in einem organisierten, aber leblosen, Zeitalter ?

Das Leben ist was abläuft, während wir es organisieren ! Wie schaffen wir es also Schüler zu begeistern zu etwas was für sie oder für die Schule bedeutsam wird ? Es ist ganz einfach wir müssen eine Verbindung oder besser gesagt eine Beziehung zu der Sache herzustellen und es nicht als etwas ansieht was man selbst nicht versteht, aber man weiß, dass man es für die nächste Klausur braucht. Wenn wir etwas verstehen können wir es auch wirklich mit einem Gefühl von Sinn umsetzten, anstatt mit Sinnlosigkeit, da jeder von uns individuell ist kann er übrigens seinen ganz individuellen Beitrag zu dem Projekt beitragen und die anderen Schüler sehen und verstehen, wie die Individualität die Gruppe fördern und ergänzen kann, anstatt im Gleichschritt zu marschieren. Gleichschaltung und Gleichschritt zerstört die Neugier der Schüler, denn diese lernen nicht sich eigenständig Sachzusammenhänge anzueignen, sondern einfach nur Gehorsam und das macht sie nur zu kalten Bürokraten und was Bürokratie mit den Menschen anstellen kann, wenn ihr eigener Verstand dabei ausgeschaltet wird kann man bei dem Beispiel von Adolf Eichmann erkennen, der nie einen wahrhaftigen Hass speziell gegen Juden hatte, sondern einfach nur unfähig war eigenständig und vernünftig zu denken, da die Obrigkeit hier die Macht übernommen hatte und ihn Ohnmächtig gemacht hatte, oder wie es Hannah Arendt ausgedrückt :„Es war die Banalität des Bösen." Wir können erkennen, dass Adolf Eichmann kein Monster war, obwohl seine Taten schrecklich waren, und das dieses Böse prinzipiell in jedem von uns steckt und unter Bedingungen der autoritären Machtausnutzen aktiviert werden kann und wir uns dieser Autorität ohnmächtig werden und uns gegen diese Dogmen wehrlos fühlen. So etwas kann und sollte kein Staat verantworten, der seine Bürger als mündige Bürger bilden will ! Solange wir aber den Kindern diese verdammten Hierarchien einreden, die es eigentlich aus einem Naturzustand des Kindseins nicht kennt, werden wir sie weiterhin zu Bürokraten heranzüchten. Andre Stern berichtet von dieser Unvoreingenommenheit die jedes Kind von Natur aus besitzt und zieht hierfür als Beispiel gerne seinen Sohn Antonin heran, der z.B morgens mit Begeisterung dem Müllmann zusieht, obwohl der nach unser westlichen Auffassung nicht so eine hohe Prestige hat wie der Top-Manager, aber wissen sie was ? Das ist Kindern so was von egal ! Sie interessiert es nicht, welche Hautfarbe, Einkommen oder Herkunft jemand hat, sie suchen überall zu der Außenwelt Kontakt, um mit möglichst vielen verschiedenen Leuten Beziehungen herzustellen. Wenn wir die Kinder nicht die ganze Zeit unterbrechen und erziehen wollen würden, würden sie möglicherweise diese Unvoreingenommenheit ihr ganzes Leben lang mit sich tragen und wer weiß was dann aus dieser Welt werden könnte. Es ist die Heterogenität, die es ermöglicht das wir so eine große Vielfalt in der Schule beobachtet können, denn sonst würde wahrscheinlich kein großer Wettbewerb herrschen, der dem Kunden so eine große Auswahlmöglichkeit übrig lässt.

Von welcher Freiheit sprechen wir?- Die Enteignung der Autonomie durch den Staat

Die meisten Menschen in der westlichen zivilisierten Gesellschaft glauben zwar nicht mehr nach der Aufklärung, dass sie sich in den Himmel frei kaufen können, jedoch gibt es einen neuen Gott von dem sie abhängig sind und dem sie sich unterwerfen, er trägt den Namen„Der Staat".Wir sind sozusagen Meister darin geworden unsere Eigenverantwortlichkeit in die Hände anderer zu geben. Auch wenn es für manche Menschen erst mal paradox klingeln mag, aber der Staat nimmt uns mehr Freiheit als er sie schützt wie es gerne behauptet wird. Der Staat schreibt uns vor wann wir was zu tun haben und manchmal auch warum. Wir Schüler werden verfassungswidrig dazu genötigt, dass wir uns mit anderen Leuten unfreiwillig in einen Raum aufzuhalten, damit wir Sachen auswendig lernen, die uns gar nicht interessieren. Ist das nicht schrecklich ? Wir vergeuden unsere meiste Lebensenergie damit, dass wir Dinge tun, die von uns erwartet werden und nennen das dann Demokratie ? Es ist schon komisch, dass eine Gesellschaft so sehr für Freiheit und Unabhängigkeit kämpft und dann meint, dass ein paar Leute im Anzug mit dem Titel „Politiker" wüssten was für ein ganzes Volk gut wäre. So etwas nennen die Menschen des 21.Jahrhunderts also zivilisierte und privilegierte Gesellschaft ? Wie sieht es mit uns Schülern aus ? Sind wir überhaupt noch ansatzweise mündig ? Diese Menschen im Anzug, die sich über ein ganzes Volk stellen, um über ihr Wohlsein zu entscheiden, entscheiden leider auch über unser Wohlsein, und zwar mit verheerenden Folgen ! Niemand wurde einzeln gefragt, ob er in die Schule gehen möchte, sondern wir wurden dort zwangssozialisiert. Dies verstößt nicht gegen unsere Grundrechte, sondern auch gegen das Recht des Menschen sein Leben frei und autonom wie möglich zu gestalten, und wir sollten uns da mal ernsthaft mal fragen, ob uns das die Schule ermöglicht. Meine Autonomie und freie Lebensgestaltung wird tagtäglich behindert und zerstört, indem man mir unzählig Zeit wegnimmt, damit man mich angeblich bilden kann. Aber was ist Bildung ? Wer definiert das ? Wer hat das bestimmt ? Der Staat etwa? Wenn ja, wer ist dieser Staat ? Warum lässt ein ganzes Volk das zu und guckt nur dabei zu wie das eigene Leben mit den Fäden anderer Menschen hin und her gezogen wird ? Ist der ökonomische Wert so mächtig geworden ? Und wenn ja, wollen wir das ? Ein ganzes Leben lang fremdbestimmt und entfremdet zu leben ? Der Philosoph Karl Marx hat schon im industrialisierten 19. Jahrhundert von dieser Entfremdung gesprochen und appellierte dabei an die Menschen, die sich durch die automatisierte Arbeit in den Fabriken immer mehr von sich und der Arbeit entfremdeten und sozusagen die Arbeit nur als Mittel zum Zweck ansahen, um damit ein ökonomischen Vorteil zu besitzen oder privat Kapital. In der heutigen westlichen Gesellschaft sieht es nicht viel anders aus, der Großteil der Bevölkerung muss zwar nicht für zu niedrige Löhne in Fabriken arbeiten, aber die meisten Menschen hassen ihren Job ! Sie hassen ihn und sie wissen es, aber sie können nicht genug Mut aufbringen, um ihn zu kündigen, denn dies würde ein ökonomischer Einbruch bedeuten und ein zeitweiser Verzicht auf übermäßigen Konsum, der in unserer heutigen westlichen Gesellschaft gerne dazu benutzt wird, die kaputte Seele irgendwie zu reparieren. Dieser misslungene Versuch lässt sich an den zahlreichen psychosomatischen Erkrankungen erkennen. Doch wie sieht es mit uns Schülern aus ? Haben wir uns von uns selbst und dem Lernen und Bilden entfremdet? Sind wir selbstbestimmt oder fremdbestimmt ? Die Schule ist Ländersache und dies ist vielen

Bürgern bewusst und wurde auch von deutschen Staat so akzeptiert und festgelegt, jedoch bedeutet dies nicht mehr Freiheit für uns, denn wieder einmal erhebt sich eine Obrigkeit und legt Richtlinien fest, die wir Schüler nicht verändern oder gar mitbestimmen dürfen, obwohl ein Teil der Personen sind, die ihre meiste Kindheitszeit dort vergeuden werden ! Das Schulministerium NRW legt für mich Schülerin in Köln fest wann ich mit wem in die Schule gehen soll und zu welchem Zeitpunkt ich in welcher Menge lernen soll und was kann ich tun ? Gar nichts ! Ich bin ohnmächtig gegenüber diesem Dogma und kann mich nicht, ohne folgende Sanktionen, mit Sicherheit auf Unversehrtheit widersetzten. Doch warum macht man das mit mir und mit 11.Millionen anderen Schülern ? Sind wir so wertlos ohne Zwang und Dogmen ? Müssen wir uns immer wieder für unsere Existenz rechtfertigen bis wir an einer Psychosomatik erkranken ? Ist es das was ihr wollt ? Nennt ihr das Bildung ? Die Niederlande liefert ein perfektes Beispiel dafür wie eine autonome Schule ohne zu viel Eingriff in die Lerninhalte durch den Staat oder das Schulministerium möglich ist. Dort werden nämlich 86 Prozent der Entscheidungen am Standort der Schule getroffen und nicht beim Schulministerium ! Als konservatives Gegenargument könnte man nun natürlich einführen, dass durch Entmachtung der Obrigkeit des Schulministerium zu wenig gelernt würde oder es keine klare Struktur bzw. Ziele gibt, die für einen beruflichen Erfolg nötig sind. Diesem Argument könnte man jedoch entgegenwirken, dass Kinder hirntechnisch und lernpsychologisch einfach besser in Freiheit und Vertrauen lernen, denn ein ungeborenes Kind erlebt schon diese Vertrautheit im Mutterleib, aber auch das Wachstum, also sucht es auch in seiner Umwelt ständig nach neuen Herausforderung, um zu wachsen. Somit ist Lernen ein natürlicher Prozess und es sind die Erwachsenen und Politiker, die einen so großen Druck auf die Kinder ausüben, und sich nachher über Resignation und Faulheit ärgern. Haben sie schon mal darüber nachgedacht, dass das Kind einfach in seiner natürlichen Entwickelung gestört und unterbrochen haben ? Meinen sie wirklich, dass diese Faulheit angeboren ist und man sie den Kindern durch unsere westliche Disziplin austreiben muss ? Meinen sie vielleicht nicht, dass sie und die ganzen druck machenden Institution dafür verantwortlich sind ? Andre Stern wurde in seinen 42 Jahren kein einziges Mal durch seine Eltern in seiner Entwickelung gestört und unterbrochen und er konnte sich in seiner Kindheit ganz natürlich in seinem individuellen

Tempo entwickeln und seine Eltern machten sich keine Sorgen als noch nicht mit 9 Jahren angefangen hat zu lesen, sondern hatten volles Vertrauen zu ihnen und aus ihm ist kein asozialer Bengel wurde wie man es in unserer Gesellschaft erwarten würde, jedoch ist mir in meinen Beobachtungen aufgefallen, dass wenn ich über diesen Fall berichtete ungefähr 90 Prozent der Menschen in als Ausnahme qualifizierten und wissen sie was ? Er wird auch so lange eine Ausnahme bleiben bis die Gesellschaft in als Ausnahme ansieht, denn die Realität ist nicht mehr oder weniger als das was das Subjekt aus sich holt, denn die äußeren Wahrnehmungen richten sich nach unseren Sinnen und formen sich auch nach ihnen. Also liegt es an uns was wir daraus machen und auch, ob wir weiterhin in einem Staat leben wollen, der uns eine Scheinrealität der Freiheit und Eigenständigkeit vorspielt ! Derjenige, der das annimmt was ihm vorgelebt und als richtig verkauft wird ist nichts mehr als ein Sklave seiner Umwelt und er wird solange ein Sklave bleiben bis er versteht in was für einem Gefängnis er sitzt. Er ist auch solange ein Sklave, solange er sich dem Staat unterwirft und das für richtig annimmt was der Staat ihm als richtig verkauft und auch wir Schüler sind Sklaven, Sklaven eines Systems, das wir weder erbaut noch ausgesucht haben, ein System was uns tagtäglich dazu nötigt bloß nicht wir, sondern wir die Anderen zu sein, ein System was mich kaputt gemacht, kaputt gemacht in meinem Denken, in meiner Bildung, in meiner Existenz und meiner Autonomie. Dieser Zwang macht uns krank, dieser Zwang der uns in eine Lage der Ohnmächtigkeit gegenüber den unveränderbaren Dogmen des Systems bringt. Diese Dogmen sind es die mich, meine Mitschüler und alle anderen Kindern psychisch zerstören! Wir haben schon lange aufgehört eigenständig zu denken und tun nur noch das was ihr von uns verlangt und erwartet, diese voreingenommene Erwartungshaltung ist es, die uns in eine ständige Situationen der Rechtfertigung für unsere Existenz bringt. Es liegt an uns ob wir weiterhin mit den Kindern so umgehen und ihre Kindheit zerstören, anstatt uns zu fragen wie wir dem Kind das Leben und seine Möglichkeiten als Bereicherung darstellen können. Es liegt an uns, ob wir uns von diesen Ketten befreien, diese Ketten, die die Dogmen zusammenhalten, die uns davor hemmen wir selbst zu sein. Es liegt an uns, ob wir die rote oder die blaue Pille schlucken wollen. Welche möchten sie schlucken ? Oder besser gesagt was wollen sie ? Die Wahrheit oder das an was sie glauben für wahr zu halten ?Es liegt an ihnen, ob sie weiterhin in einer Scheinwelt leben wollen und sich und ihre vollen Möglichkeiten in ein Gefängnis stecken, oder ob sie den Mut besitzen, um auszubrechen für sie und für ihre Kinder !

Ein Umdenken – Was wäre, wenn...?

Stellen sie sich vor was wäre, wenn sie keine Informationen hätten wie eine Schule auszusehen hat, wenn es kein Kultusministerium und keine Bildungspolitiker gäbe, die einem vorgeben was richtig und falsch ist. Es ist sowieso ein Unding anzunehmen ein paar Politiker wüssten was gut für ein ganzes Volk wäre. Stellen sie sich nun vor sie müssen mit anderen Bürgern in ihrem Stadtteil eine Schule aufbauen, sie wären für den Unterrichtsinhalt, die Unterrichtsform, die Gestaltung der Schule und allem anderen verantwortlich, sie dürften so gar mit einem Team von Psychologen, Pädagogen und Künstlern Lehrer casten und die besten für ihre Kinder auswählen. Wie würden sie die Schule nun gestalten ? Würden sie weiterhin Kindern zwingen zu einem gewissen Zeitpunkt genau das Gleiche zu tun? Würden sie weiterhin Kinder mit Noten und Zensuren quälen ? Würden sie es weiterhin zu lassen, dass Schüler von ihren Lehrern gedemütigt werden ? Würden sie weiterhin zu lassen, dass die Grundrechte ihrer Kinder tagtäglich verletzt werden ? Würden sie weiterhin eine Schule zulassen, die verfassungswidrig ist ? Würden sie es weiterhin zu lassen, dass ihre Kinder mit

Angst und Bauchschmerzen in die Schule gehen ? Würden sie es zulassen, dass ihre Kinder irgendwann an psychosomatischen Krankheiten leiden werden ? Wie würde ihre Traumschule aussehen ? Könnten sie so eine Nichtigkeit wie heute überhaupt noch zulassen ?Wenn sie die Möglichkeit hätten die Schule zu gestalten, wäre es nicht ein Ort, wo alle mitgenommen werden anstatt, dass immer mehr Kinder hängen bleiben ? Könnten sie es noch verantworten, dass Grundschulkinder sich selbst mit den Noten gleichsetzten und, dass sie dann als Eltern so etwas anhören müssen wie :„ Ich bin schlecht und kann doch eh nichts". Tut ihnen das nicht weh ? Oder lassen sie sich mit ökonomischen Argumenten beirren ? Wie wäre es, wenn es eine Schule für alle gäbe, wo jeder in seinem individuellen Thema und seinem individuellen Standpunkt weiterarbeitet ? Wie wäre es, wenn ihre Kinder jeden Morgen mit Begeisterung und Freude für die Schule aufwachen, anstatt mit Angst ? Wie wäre es, wenn sie mit Neugier zurück nach Hause kommen, anstatt mit Stress? Wie wäre es, wenn wir einfach Kinder sein könnten ? Wie wäre es, wenn ihre Kinder in der Schule einen Rückzugort hätten ? Wie wäre es , wenn sie nicht ständig überwacht werden ? Wie wäre es, wenn die Schule der Ort wäre, wo die Lust zum Lernen erweckt wird, anstatt zerstört ? Wie wäre es, wenn wir eine Schule schaffen, die einem Weisheiten vermittelt, die hängen bleiben, anstatt Abiturthemen, von denen nach ein paar Jahren nur noch 1 bis 10 Prozent hängen bleiben ? Wie wäre es, wenn Zeugnisse eine individuelle Rückmeldung darstellen, anstatt ein Armutszeugnis über schon vergessene Informationen darzustellen. Wie wäre es, wenn wir diese Mauer durchbrechen, die uns Kinder und Jugendliche von anderen Kindern und Jugendlichen trennt und uns eine soziale Abwertung oder Aufwertung zuteilt ? Wie wäre es, wenn wir diese Scheinchancengleichheit auflösen, die vorgibt, dass alle die gleichen Chancen haben, wenn jeder zum gleichen Zeitpunkt das Gleiche lernt ? Wie wäre es, wenn jeder im Unterricht individuelle Aufgaben bekommt, die seinem Leistungsniveau entsprechen ? Wäre das nicht die wahrhaftige Bedeutung von Chancengleichheit ? Unsere heutige Bedeutung von Chancengleichheit verhindert Chancengleichheit und ich frage mich manchmal, ob sich Bildungspolitiker mal mit Lernpsychologen, Pädagogen oder Hirnforschern zusammengesetzt haben, oder einfach nur das durchsetzten was sie unter „Demokratie" verstehen ? Ich bitte alle Eltern und alle, die für mehr Chancengleichheit kämpfen, ihre politische Kraft zu nutzen, um sich zu stark zu machen, denn der Großteil der Schüler kann das nicht ! Wir sind Dogmen unterworfen, die wir weder erstellt haben noch mitentscheiden durften. Man hat uns einfach in dieses Gefängnis rein geworfen, und zwar ohne Rücksicht auf unsere Entwickelung ! Der Psychoanalytiker und Pädagoge Kurt Singer meinte nicht umsonst, dass die Schule die Entwicklung der Kinder gefährden kann. Wenn ihr uns Kindern nicht bald die Illusion des Konkurrenzkampfs austreibt, wird etwas passieren was ich am liebsten nicht miterleben möchte. Ich möchte nicht in einer Gesellschaft leben, wo es immer um Leistung, um besser sein als der Andere, um Rechtfertigung, um den ökonomischen Vorteil und um Selektion geht. Dieser Sozialdarwinismus muss bald ein Ende haben, ansonsten hat er uns !

Ich bitte euch liebe Eltern und Erwachsenen befreit uns von diesem Druck und diesen Erwartungen, sie machen uns krank! Und wollt ihr das ? Kranke Kinder, die mit 30 Jahren an Born-Out erkranken ? Wie wäre so eine Miesere recht zu fertigen ? Mit Geld ? Mit Erfolg ? Mit einer Zukunft ?Was ist das dann für ein Erfolg, der uns am Ende so zerstört ? Was ist das für eine Zukunft, frage ich, die so einen psychischen und am Ende auch physischen Schaden anrichtet ? Können sie so eine Zukunft für ihre Kinder verantworten ?

Falls nicht erheben sie sich, erheben sie sich gegen die Autoritären, gegen einen Frontalunterricht, gegen die Gleichschaltung, gegen den äußeren Druck und letztlich für ihre Kinder ! Es liegt in ihrer Hand ! Was möchten sie ihre Kinder oder ökonomischen Erfolg ? Ich bin davon überzeugt, dass eine friedliche Gegenbewegung möglich ist, wenn wir uns alle verbinden, verbinden für die Freiheit, die uns allen bedingungslos zusteht. Eine Gegenbewegung in Richtung Bildung in Freiheit findet momentan schon statt, ehemalige Studenten brechen ihr Studium auf einer Elite-Uni ab wie z.B Ben Paul, der durch seine Website „Anti-Uni.com" bekannt wurde, oder Andre Stern, der nie eine Schule besucht hatte und trotzdem gebildet ist und was vielleicht noch wichtiger ist, er hat seine Lebenslust, Neugier und Begeisterung nicht verloren. Wir sehen in der Gesellschaft so viele tolle Beispiele, die uns das Gegenteil zeigen, aber wir schieben sie in die Schublade der „Ausnahmen". Warum müssen sie Ausnahmen bleiben ? Wir alle können diese Freiheit nutzen, wenn wir es zulassen. Solange wir es als Ausnahmen abstempeln bleiben sie auch Ausnahmen oder gemäß nach sozialpsychologischen Regel:„ Was die Menschen für Realität halten wird zur Realität". Was wäre aber, wenn wir die Realität selber in die Hand nehmen und nicht mehr dem

Schicksal überlassen ? Was wäre, wenn wir die Realität selber gestalten so wie sie uns gefällt ? Was wäre, wenn es keine Institution mehr gäbe, die uns unser Leben leichter machen wollen, und wir voll auf uns selbst gestellt sind ? Oder wie es der Philosoph Gunnar Kaiser sagt:„ Was wäre ein selbstbestimmtes Leben?" Selbstbestimmung bedeutet ein mündiger Bürger zu sein, der seine Realität mit voller Verantwortung selber gestalten kann. Wieso wird uns dann in der Schule genau das Gegenteil beigebracht? Wieso lernen wir von Autoritären, Noten und Institution abhängig zu sein ? So etwas nennt mein Deutschlehrer also den Weg, um ein mündiger Bürger zu werden ? So etwas will man uns als selbstständiges Denken und Arbeiten verkaufen ? Ich kann nur sagen, dass das Marketing davon sehr misslungen ist. Wir Schüler wissen, dass wir nicht etwas für das Leben lernen, sondern für die nächste Klausur oder anders ausgedrückt für das Geld, das wir später verdienen wollen. So etwas ist eine Schande und ein Verrat an unserer Bildung ! Es ist auch ein Verrat an unseren Kindern wie es schon der Philosoph Richard David Precht in seinem Buch „Anna, die Schule, und der liebe Gott", betonte. Es ist ein Verrat an unseren Grundrechten, Menschenrechten und letztlich an unserer menschlichen Existenz. Solange die Schulpflicht in Deutschland erhalten bleibt, nötigen wir unschuldige Bürger in ein Gefängnis und das soll keine Metapher zur Veranschaulichung darstellen ! Wir sind es unseren Kindern schuldig ihr Lebensfreude und ihr Glück wiederzubringen und wenn dies eine Revolution benötigt, ist dies das Mindeste was wir für sie machen können. Der Psychoanalytiker und Pädagoge Kurt Singer hat dafür in seinem Buch „ Die Schulkatastrophe" ein sehr schönes Beispiel angeführt, er berichtete davon, dass Pferde ursprünglich für das Laufen gemacht waren und nicht für das Springen, jedoch dressieren wir sie dazu! Wie sieht es mit unseren Kindern aus ? Unsere Gehirne wurden , wie schon ein paar mal erwähnt habe, für das Lernen und Spielen gemacht, aber nicht für die Schule, jedoch dressieren wir hier die Kinder dazu sich in Schulen aufzuhalten, obwohl dies der menschlichen Natur widerspricht. Wie viel wollen wir uns noch aus der Natur herausnehmen ? Wie viel Katastrophen können wir noch verantworten ? Wenn wir so weiter machen die Verantwortung in die Hände der Anderen zu schieben, brauchen wir uns nicht über noch mehr Leid und Katastrophen in der Welt zu wundern. Wenn wir bald nicht mit der Bildungsrevolution anfangen, wird die Bildung uns haben und über uns bestimmen und beherrschen. Ein

Umdenken ist möglich und sogar eine ganze Revolution, wenn alle mitziehen und an uns Kinder glauben, warum fängt ihr einfach nicht daran an zu glauben ? Wo ist das Vertrauen von euch geblieben ? Hat euch die ökonomischen Argumente so gepackt ? Ich glaube, dass der erste Schritt hier erst mal die Erkenntnis und die Verinnerlichung ist, die Erkenntnis, dass wir es schaffen werden, dass wir alles schaffen und bilden können was wir wollen, und die Verinnerlichung , die ein bedingungsloses Vertrauen zu uns herstellt, ein Vertrauen, das keine Note oder Not der Welt mehr berühren und beeinflussen kann, ein Vertrauen, dass die Eltern von Andre Stern in ihm stecken, obwohl er z.B erst mit neun Jahren angefangen hat zu lesen. Dieses Vertrauen würde nicht nur die Elternseite beruhigen, sondern uns auch motivieren, da wir schon als kleines Kind erfahren haben, dass jemand an uns glaubt, dass jemand in uns Vertrauen steckt, dass wir alles erschaffen können. Ich denke auch, dass dieses Vertrauen immens wichtig ist für die Entwicklung des Kindes, denn somit erfährt das Kind, dass es keine Rechtfertigung oder Beweis für seine Existenz braucht und kann anfangen von sich aus eine intrinsische Motivation zu entwickeln, die ihm Begeisterung und Freude am tun zeigt. Dies erfordert Geduld und Zeit von den Eltern und ich kann mir vorstellen, dass dies nicht leicht ist für Menschen, die in einer Leistungsgesellschaft leben und rein sozialisiert wurden, wo es nur auf Beschleunigung ankommt. Diese Geduld erweist sich aber nachhaltig als fruchtbar, denn das Kind wird nicht in seiner natürlichen Entwickelung gestoppt oder wie es Andre Stern gerne betont in seiner natürlichen Veranlagung und zwar die Veranlagung sich zu Begeistern. Menschen wie Andre Stern brauchen nicht weiter eine Ausnahme in unserer Gesellschaft bleiben, wenn wir es denn wollen ! Wenn wir nämlich diesen natürlichen Fluss fließen lassen, dann wird aus ihm als das blühen was wir versuchen durch Zwang und Kontrolle zu erzielen. Zwang und Kontrolle sind nämlich das was am Ende Resignation auslöst und zu psychischen Erkrankungen führen kann. Wir sollten uns aus dieser Angstkultur befreien, die gierig nach Sicherheit durch Polizei und den Staat geworden ist, denn im Endeffekt kann uns niemand die 100 prozentige Sicherheit geben und ich bezweifle, dass so etwas überhaupt existiert außer vielleicht die Sicherheit in sich oder der Glaube an sich. Der Philosoph Peter Bieri beschreibt diesen Fluss der Bildung, durch Begeisterung ziemlich interessant und eindeutig wie ich finde, er sagt nämlich, dass Bildung etwas ist, das Menschen mit sich und für sich machen: Man bildet *sich* . Ausbilden können uns andere, bilden kann sich jeder nur selbst. Eine Ausbildung durchlaufen wir mit dem Ziel, etwas zu *können* . Wenn wir uns dagegen bilden, arbeiten wir daran, etwas zu *werden* – wir streben danach, auf eine bestimmte Art und Weise in der Welt zu sein. Wir müssen, was in unserer Leistungsgesellschaft ziemlich schwierig sein wird, akzeptieren, dass es keine kurzfristigen Ziele wie Noten mehr gibt oder das es sie gar gibt und uns auf den Prozess konzentrieren oder wie es Bieri sagt auf das Werden. Mein Lehrer Gunnar Kaiser bezeichnete es einmal so, dass das Ziel der Weg ist und es gibt keinen Weg !

> „We don't need no education
> We don't need no thought control
> No dark sarcasm in the classroom
> Teacher, leave them kids alone.“
>
> -Pink Flody

Noten- Brauchen wir das ?

Unser Schulsystem nährt und lebt von Noten, Zensuren und Bewertungen, ständig muss alles und jeder bewertet und kontrolliert werden, ansonsten ist es doch nichts wert oder ? Diese Paradoxon verläuft sich über das ganze Schulleben der Schüler. Sie lernen nicht mehr, dass das Schaffen wichtig und fruchtbar ist, sondern das Geschaffene. Sie werden in dieses Hamsterrad rein geschmissen, obwohl sie davor kein einziges Mal gefragt wurden, ob sie das überhaupt wollen, und man zwingt sie zu laufen, um dann am Ende zu realisieren, dass man im Grunde gar nicht weitergekommen ist. So etwas nennt man also Erziehung im modernen 21.Jahrhundert ! Wir brauchen uns bei so einem Vorhaben nicht wundern warum die Kinder Stück für Stück ihre Begeisterung verlieren und keinen Spaß mehr am lernen haben, denn wir sind selber für das Geschaffene Leid verantwortlich. Der Dokumentarfilm „Der Die Das" von Sophie Narr zeigt auf erstaunliche Weise wie unwichtig die Individualität und das individuelle Tempo der Kinder schon im Grundschulalter ist und, dass es im Grunde nur auf Konkurrenzkampf und Selektion ankommt. Ein Schüler, der mit voller Lebensfreude und Begeisterung lebt und dies auch ausstrahlt, wird einfach aussortiert, da er zu langsam ist für den Gleichschritt der Klasse. Die Lehrerin betont am Ende, dass er ab jetzt nur noch lernen und üben soll und nicht spielen, aber wie soll das ein Kind machen? Wie soll ein Kind lernen, wenn es für ihn nur das Spielen gab und er immer dadurch gelernt hat ? Wie soll das ein Kind machen für den Lernen und üben, wenn das für Kinder Synonyme sind ? Was bildet sich die Bildungspolitik mal wieder ein und welchem pädagogischen Hintergrund? Wie lange wollen wir die Begeisterung und Lebensfreude der Kinder noch auf die Probe stellen ? Wie lange wollen wir noch aussortieren ? Wie lange noch selektieren? Wie oft wollen wir noch gegen die menschliche Natur verstoßen ? Wir sollten uns fragen, ob wir Noten noch brauchen? Sind sie wirklich so wichtig wie wir glauben zu wissen ? Wir sollten uns fragen, ob uns Noten zu Gunsten der Ökonomie wichtiger sind, als unsere Kinder. Wir können an kleinen Kindern beobachten, dass sie meistens nur anerkannt werden wollen im Sinne von gesehen werden wollen, aber nicht unbedingt bewertet und beurteilt. Wir sollten uns daher ernsthaft mal die Frage stellen, ob eine individuelle Rückmeldung ohne Zensuren nicht zu einem besseren Wohlbefinden und Wohlsein der Schüler beitragen würde. Es wird natürlich Zeit und Energie in Anspruch nehmen, damit sich Lehrer, Schüler und auch Eltern an die

Situation gewöhnen, jedoch wird dieser Schritt längerfristig viel nachhaltiger auf das geistige und körperliche Befinden der Schüler übertragen und das wird sich schließlich auch im Schulleben und Schulalltag widerspiegeln. Eine Studie der Bausparkassen der Sparkassen namens LBS-Kinderbarometer fand heraus, dass im Gegensatz zu dem Freundeskreis und der Familie das Wohlbefinden der Kinder in der Schule am niedrigsten ist. Hat die Schule als Institution versagt oder sind wieder mal die Schüler schuld ? Solange keine entspannte Lernatmosphäre herrscht und solange auf die Kinder weiterhin Druck mit Hilfe von Noten, Zensuren und Kontrollen durchgeführt, solange brauchen wir uns über solche Studienergebnisse und Berichte nicht wundern, denn wir sind mal wieder die Schöpfer unser eigenen Realität und haben es in der Hand was wir aus ihr machen. Die Schule sollte ein Ort sein an dem mit Freude und Neugier die Sachen anpackt, anstatt mit Frust und Leidvermeidung. Es ist keine Hyperbel, wenn ich annehme, dass Schüler wie auch Lehrer grundsätzlich mit einer Haltung der Leidvermeidung in den Unterricht gehen und diese Haltung mit sich tragen. Der Lehrer oder die Lehrerin ist meistens nicht wirklich daran interessiert den Schüler individuell in seiner Begabung zu fördern, sondern will einfach nur seinen Beamtendienst verrichten und dabei so unauffällig wie möglich zu verhalten, damit man bloß nicht in die Augen der Schulbehörden fällt. Es sieht bedauerlicherweise nicht viel anders beim Schüler aus, er ist nicht wirklich am Inhalt oder am Thema interessiert, sondern möchte einfach nur so gut wie möglich durch die nächste Prüfung kommen, damit er irgendeinen Profit aus dem für ihn so unsinnigen Unterricht ziehen konnte. Dieser Vorgehensweisen können auf ökonomischer Perspektive sinnvoll und auch nützlich sein, jedoch führt hier der zu utilitaristische Blick zu einem Verfall der Bildung an sich, denn diese Vorgehensweise kann man vielleicht mit Dressur gleichsetzen, jedoch auf keinen Fall mit Bildung oder gar eigenständigen Denken. Noten und Zensuren tragen bedauerlicherweise viel zu diesem Verfall der Bildung bei, sie dressieren den Schüler auf Kommando zu reagieren und Gehorsam zu zeigen, sie lassen die Kreativität und Individualität des Schülers verkümmern, denn hier zählt nicht deine Antwort,sondern diese Antwort. Prüfungen und mit ihnen verbundenen Noten veranlassen uns Schüler dazu nach dieser Antwort zu suchen, damit wir diese Zensur dafür bekommen. Im Grunde genommen findet hier nicht anders statt, als ein Tauschabkommen zwischen zwei verkümmerten Personen, die verlernt haben sich selbst zu bilden oder gar ohnmächtig dafür sind. Diese Ohnmächtigkeit ist nichts angeborenes, ganz im Gegenteil die menschliche Natur ist bestückt voller Möglichkeiten und Vorstellungsvermögen, jedoch werden systematisch dazu dressiert genau das Gegenteil aufzuweisen. Der kreative Mensch wird hier zu einer leblosen Maschine gemacht, die nur programmiert bekommen hat nur zu funktionieren, aber niemals selbstbestimmt zu entscheiden, denn so etwas wird wahrscheinlich kein Staat wollen, der davon lebt, dass Menschen in ihrer Unwissenheit schmoren und immer wieder Auswege im Konsum suchen. Ich persönlich konnte schon mehrmals als Schülerin die Erfahrung machen, dass mein eigenständiges Denken gar nicht erwünscht war, sondern einfach nur das wieder zu geben was der Lehrer uns in der vorherigen Stunde vor diktiert hat. Doch was bewirken Noten alles noch bei uns ? Warum sind wir traurig, wenn wir eine schlechte Note erhalten und warum glücklich, wenn wir eine gute Note erhalten ? Dafür ist unser Belohnungssystem oder auch mesolimbisches System verantwortlich was bei einem Glückszustand wie z.B einer eins in der Matheklausur Dopamin ausschüttet was dann für das Glücksgefühl verantwortlich ist, das wir empfinden.

Jedes Kind ist anders begabt !

Der Hirnforscher Gerald Hüther sorgte mit seinem Buchtitel „Jedes Kind ist hochbegabt" für viele Diskussionen in der Thematik der Bildung und auch teilweise für Unruhe für den Begriff der Hochbegabung, denn für unsere Gesellschaft ist Hochbegabung ein fester Wert den man durch den IQ messen und untersuchen kann. Man kann dem kritisch gegenüberstehen oder gar wie es ein Sprecher auf der Didacta 2016 tat sich, da man der festen Überzeugung ist von empirischen Studien und Daten, sich über ihn lustig machen und Ideologien kritisieren, obwohl man selber auch eine mit sich trägt. Wir erkennen jedoch im Alltag ohne großen Aufwand einer empirischen Studie, dass Kinder unterschiedlich und heterogen sind, der eine spielt lieber Fußball und Tennis, und der Andere lieber Gitarre und Bass. Was hält uns also davon ab unsere Beobachtungen zu Nutze zu machen oder der Kinder zu Liebe ? Welche Dogmen der Gesellschaft und Politik stehen uns da im Weg ? Wir Menschen sind in einer demokratischen Gesellschaft davon überzeugt, dass Gleichschritt Chancengleichheit herbei ruft, obwohl es genau das Gegenteil bewirkt. Dieser Gedanke kann die gute Intention in sich tragen, dass man andere Leute vor dem Gericht nicht bevorzugen oder benachteiligen will und das ist auch richtig so, obwohl sich in der Praxis erweist, dass man milder bestraft wird, wenn man eine bestimmte psychische Krankheit in sich trägt, die zur Tat beigetragen hat oder sie gar ausgelöst hat. Man betrachtet in unserer Gesellschaft als unfair, wenn jemand sehr viel Zeit mit dem verbringen darf in dem er gut ist und eine leidenschaftliche Intention mit sich trägt, da die anderen Kindern sich mit Dingen beschäftigen müssen, die sie gar nicht interessieren. Was wäre aber, wenn alle Kinder das auf einmal dürften, dann könnte man doch schlecht von Unfairness sprechen oder ? Es ist schon seltsam wie schwer sich es unsere Gesellschaft selber macht obwohl ihr sogar wissenschaftliche Alternativen angeboten werden. Man könnte nun mit einem ökonomischen Argumenten dagegen stürmen, aber wie wäre denn der Gedanke, dass man vorsorgt, anstatt nach zu sorgen ? Es ist schon banal, dass jährlich 9 Millionen Doller für das Gefängnissystem in Florida ausgegeben werden und nur 3 Millionen für das Schulsystem. Erkennen sie das Paradoxon ? Unsere ganze Gesellschaft ist von dieser Plage befallen und die verschiedenen Diät-Angebote und Entschlanker zeigen wie die Menschen heutzutage denken oder besser gesagt wie sie programmiert wurden sind. Wir wollen alles immer jetzt sofort und dann immer schöner,schneller und besser bis wir irgendwann an Ermüdung erschöpfen und uns und unsere Träume aufgeben, obwohl Träume so wichtig sind für uns und vor allem für die Kinder ! Wir ignorieren jedoch diese Träume, werten sie ab, stempeln sie als unrealistisch und unvernünftig ab, weil wir selbst beigebracht bekommen haben diese Träume zu vergessen und sie längst über Board geschmissenen haben, jedoch ist es unfair und unmoralisch diese verdrängten Emotionen und Gefühle an das Leben von uns Kindern auszulassen. Wir haben ein Recht zu träumen und jeder darf seinen individuellen Traum haben, denn es ist diese Kreativität, die von innen nach außen kommt, anstatt von außen nach innen wie es die Erwachsenen gerne oder auch sozial konditioniert machen. Die Verkürzung des Lebens und die Auslöschung unserer Träume zum Gunsten der Ökonomie ist einer der schlimmsten Entwickelung, die ich in unserem Zeitalter beobachte, denn mit Geld kann man sich viel kaufen und viel konsumieren, jedoch sind Kreativität und Individualität keine käuflichen Materialien, sondern unerschöpfliche menschliche Ressourcen, die einem kein Bankmann der Welt als Kredit auszahlen kann. Erwachsene sollten anfangen sich in Achtsamkeit zu üben uns sich zurückziehen und uns Kinder alleine sein lassen oder wie es Pink Floyd damals formulierte:„ Teachers leave the kids alone!". Wir brauchen keine Kontrollen, Überwachungen und Prüfungen, das Einzige was wir benötigen ist Liebe und Unterstützung, denn wir haben schon vorgeburtlich im Mutterleib diese unabhängige Liebe und dieses Wachstum erfahren und es ist eine natürliche Veranlagung in uns sich in der Welt nach immer neuen Herausforderung Ausschau zu halten, damit wir wachsen können, aber bitte verdammt nochmal in unserem Tempo und in unserer Menge und nicht wie ihr Erwachsenen es in unserem Lehrplan vorgesehen habt ! Wir leben in einem so banalen Zeitalter, wo wir meinen ein freies, demokratisches, und autonomes Leben zu führen, obwohl die digitale Technik, soziale Netzwerke, Arbeit, Beziehungen und Schule unseren Tag diktieren und vorschreiben. Wir leben in einer Gesellschaft, die den Drang und Zwang hat ständig überall erreichbar zu sein und es nicht aushält alleine zu sein und ich kann das ehrlich gesagt als Schülerin auch selber bei mir beobachten, obwohl ich meine Zeit nach der Schule frei nutze, um Sport zu treiben, zu lesen, zu schreiben und auch ab und zu Gitarre zu spiele, merke ich was passiert, wenn ich mal merke, dass ich gar nichts mache. Es macht sich eine Stimme in meinem Kopf breit, die mich fragt wie lange ich schon hier herum sitze und warum und das ich doch die Zeit auch anders nutzen kann, obwohl ich in diesem Moment möglicherweise einfach das Bedürfnis verspüre herumzusitzen und nichts zu machen oder mich zu regenerieren. Jedes Kind und jeder Mensch ist anders und hat seinen individuellen Rhythmus, den man zu respektieren und zu beachten hat, und nicht ständig zu unterbrechen hat, da man der Auffassung ist, dass das Kind jetzt lieber Mathe machen soll, anstatt Deutsch. Jeder von uns kann seine vollen Potenziale erst dann nutzen, wenn man ihm genug Zeit und vor allem Raum dafür bietet und ihn verdammt noch mal in Ruhe lässt ! Wenn wir es schaffen von dieser Angstkultur in eine Vertrauenskultur umzusteigen, dann können wir auch den Kindern vertrauen, denn dieser Aspekt ist so wichtig wie auch die Zeit,die jeder haben will, aber niemand sie nutzt. Solange wir immer noch mit einer Erwartungshaltung gegenüber dem Kind stehen, merkt das Kind das und registriert, dass sein Dasein an Bedingungen geknüpft ist und versucht alles, um diese Bedingung zu erfüllen, denn es strebt nach dieser Liebe, die es schon im Mutterleib gespürt hat. Was passiert aber, wenn es es nicht schafft die Bedingung zu erfüllen ? Es wird traurig und enttäuscht wobei die emotionalen Zentren im

Gehirn nun aktiv werden und für ein Unwohlsein sorgen. Was würde aber passieren, wenn die Liebe keine Bedingungen hätte und wir anfangen würden den Kindern wahrhaftig zu vertrauen? Funktioniert das überhaupt in einer Gesellschaft, die für alles eine Bestätigung braucht? Es braucht meiner Ansicht nach ein Umdenken, jedoch ist es gar nicht mal so schwer, denn dieses Vertrauen ist etwas in uns wie ein Schatz, der ganz tief vergraben wurde und den wir nun raus buddeln können. Wollen sie den Schatz wieder finden und zum leben erwecken? Er ist ein Teil von ihnen!

Freiheit aushalten !

Als ich den Raum betrat war ich erstaunt und fasziniert zugleich, wo waren die Klassen ? Wo war die Tafel ? Wo die Stühle und Tische oder besser gesagt wo war das Gefängnis hin was ich tagtäglich gesehen und erlebt hatte? Die aktive Schule in Köln hat für mich das aufgezeigt was alle für unmöglich hielten oder als Ausnahmen abstempelten. Ich bin noch nie Schulkindern begegnet, die so viel Begeisterung, Freude, Kreativität und Selbstdisziplin hatten. Unsere Schüler wären wahrscheinlich schon so versaut gewesen von der Erziehung unserer Regelschulen, dass sie in Chaos ausarten, wenn man sie in so eine Situationen stecken würde. Die Schule zeigt mir, dass lernen und spielen unzertrennbar sind und wie wertvoll dieses von der Gesellschaft abgewertete Spielen ist, da es genau diese Fähigkeiten in Kraft setzt, die die Erwachsenen versuchen mit Druck und Zwang zu vergeblich zu erzielen. Diese Kraft war es, die bei den Kindern wahrscheinlich die Selbstdisziplin auslöste, die ich bei jedem der Kinder beobachten konnte, denn sie wollten selbstständig für Ruhe sorgen, da sie eine entspannte und ruhige Atmosphäre als angenehm empfunden haben. Was mich am meisten fasziniert hat war, dass es keine Klassen gab, sondern alle Kindern gemeinsam lernen konnten und sich auch gegenseitig unterstützen konnten. Die Schule war viel mehr wie ein Lernparadies ausgebaut, wo er verschiedene Räume zu den verschiedensten Themenbereiche gab und auch zahlreiche Spiele für die Mathematik und auch ein Atelier, wo sich die Kinder kreativ austoben konnten. Klassenarbeiten und Noten gab es nicht, sondern nur Portfolios, wo die Kinder ihre Lernfortschritte festhalten konnten. Ich war begeistert wie viel Energie in Petra steckt, die aus einer Vision eine Schule gemacht hat, obwohl sie mir erzählt hat, dass sie fast an der Bürokratie gescheitert wäre. Es hat mir gezeigt wie viel Energie und Vorstellungskraft in einen Menschen stecken kann und was diese alles auslösen und bewirken kann. Die Schule hat mir das gezeigt was unsere Regelschulen nicht ansatzweise können und auch wollen, denn nach meiner Ansicht fehlt es viel zu viel an intrinsischer Motivation sowohl bei den Lehrern als auch bei den Schülern. Die Schule hat mich so sehr fasziniert, dass ich spontan noch am selben Tag beschlossen habe die freie Stelle in Atelier anzunehmen, da der vorherige Künstler aus privaten Gründen die Schule verlassen musste und die Kinder darüber sehr bestürzt waren. Man kann sich nun darüber streiten warum eine Schülerin freiwillig nach der Schule in eine Schule geht, aber für mich ist diese Schule keine Schule wie sie es die Gesellschaft kennt und wahrnimmt, sondern ein Haus des Lernens. Die Frage ist nur noch wie viele reformpädagogische Schulen es noch braucht damit wir verstehen was Frontalunterricht und Gleichschaltung mit uns Kindern macht und was lernen wahrhaftig bedeutet.

Zurück zum Vertrauen

Verstehen sie mich nicht falsch, ich bin mir bewusst, dass die Appelle und Aussagen in meinem Buch provokant und anecken, aber meine Intention ist es nicht die Schule abzufackeln oder alle Autoritäten zu ermorden, das einzige was ich mir erhoffe ist, dass bei ihnen möglicherweise Bereiche aktiv wurden, die sie vielleicht noch nicht kannten. Ich möchte keine gewaltsame Revolution wie wir sie aus der Geschichte kennen, jedoch erachtete ich es als unwirksam ständig neue Reformen einzuführen, wenn das ganze System und der Bau der Systems fehlerhaft ist. Eine Revolution kann in unserem heutigen Jahrhundert auch sehr gut friedlich ablaufen, wenn sich Eltern und Schüler dazu bereit erklären von ihrer politischen Macht Gebrauch zu machen und nicht den Glaubenssatz mit sich tragen:„ Es wird sich sowieso nichts verändern."

Es liegt in unserer Hand was wir aus der Zukunft machen und, ob wir sie gestalten

 oder der Staat, denn solange der Staat so viel Macht und Entscheidungskraft mit sich trägt, sind wir nicht frei, egal ob in einer Demokratie, Anarchie oder Diktatur !

„Das Problem zu erkennen, ist wichtiger, als die Lösung zu erkennen, denn die genaue Darstellung des Problems führt zur Lösung".

-Albert Einstein

Literatur

Andrew „Andy" Wachowski, Lana Wachowski(1999) : Die Matrix.

Brinkmann,Malte(2016):Die Schüler lernen so Unaufmerksamkeit.http://derstandard.at/2000029219680/Erziehungswissenschafter-Die-Schueler-lernen-so-Unaufmerksamkeit?dst=www.facebook.com (20.012016).

 Czerny,Sabine(4.10.2010): Was wir unseren Kindern in der Schule antun. ...und wie wir das ändern können.

Krüger,Charles(2015) : Du bist nicht frei!. https://www.youtube.com/watch?time_continue=126&v=UIHKU-wR-fA(2.20.2016).

Covey.Stephen.R.(1.01.2005): Die 7 Wege zur Effektivität: Prinzipien für persönlichen und beruflichen Erfolg.

Hüther,Gerald (2012): Jedes Kind ist hochbegabt:Die angeborenen Talente unserer Kinder und was wir aus ihnen machen.

Die Zeit-Online(30.01.2014): Hat Picht Recht behalten ?.http://www.zeit.de/2014/06/bildungsk atastrophe-these-georg-picht/komplettansicht (15.01.2016)

Die Zeit-Online : Wundermittel Bewegung . http://www.studis-online.de/Studieren/Wissenschaftliche_Texte/lit eraturverzeichnis.php (02.03.2016)

Fromm,Erich(1998): Haben oder Sein.

Gatto, John Taylor(2009): Verdummt noch mal: Der unsichtbare Lehrplan oder was Kinder wirklich in der Schule lernen.

Kaiser,Gunnar(2013): Der Weg ist das Ziel ,und es gibt keinen Weg ! https://philosophischleben.wordpress.com/2013/ 07/10/weg-ist-das-ziel-und-es-gibt-keinen-weg/ (20.01.2016).

Menze,Clemens(1975): Die Bildungsreform Wilhelm von Humboldts.

Parlamentarischer Rat(1949): Das Grundgesetz.

Precht, Richard David (2013) : Anna, die Schule, und der liebe Gott.Der Verrat des Bildungssystems an unseren Kindern .

Privatperson: Der WissendeHinter dem

Schleier 1 : Was genau ist die Matrix ?.
http://www.die-matrix.net/?page_id=16

Stifterverband(2015):Van Bo Le-Mentzel: Brich
die Regeln und finde Deinen Platz in der
Welt.https://www.youtube.com/watch?
v=HfmhugfgbHk(20.01.2016)

Herstellung und Verlag:
BoD - Books on Demand, Norderstedt
ISBN 978-3-8370-0313-0